LA
COMTESSE DE CHAMBRUN

SES POÉSIES

*Non la conobbe il mondo. mentre l'ebbe,
Conobii'io, ch'a pianger qui rimasi.*

PARIS
CALMANN LÉVY, ÉDITEUR
3, RUE AUBER, 3

1893

LA
COMTESSE DE CHAMBRUN
SES POÉSIES

Photogravure. Braun, Clément & Cie.

LA
COMTESSE DE CHAMBRUN

SES POÉSIES

Non la conobbe il mondo, mentre l'ebbe,
Conobii'io, ch'a pianger qui rimasi.

PARIS
CALMANN LÉVY, ÉDITEUR
3, RUE AUBER, 3
—
1893

A

MARIE-JEANNE DE CHAMBRUN

J'adresse en votre nom l'adieu suprême, un adieu tendre, ému, confiant, à la noble amie qui est devant nous immobile et glacée, alors qu'il y a quelques jours à peine, active et infatigable, elle attisait autour d'elle les flammes de la vie ou excitait aux beaux efforts du devoir.

Quelle nature rare, exquise, étrangère aux petitesses, aux banalités et aux médisances, toute de grâce, d'élévation et de poésie !

Pourvue des dons de la fortune, elle n'estimait

en elle-même et dans les autres que ceux de l'esprit et du cœur.

Elle a vécu dans une constante inquiétude de l'idéal ; elle l'a poursuivi partout, sous toutes les formes, se dévorant elle-même dans cette poursuite intense.

Elle l'a surtout demandé à l'art. Il n'est aucun de nos maîtres consacrés (se tournant vers Ambroise Thomas : Qui le sait mieux que vous, illustre confrère?) qu'elle n'ait comblés de ses empressements affectueux et fidèles, et sous les pas desquels elle n'ait répandu, comme des hommages, les strophes inspirées qui s'échappaient sans peine de sa riche imagination, comme d'un vase toujours plein.

Ceux auxquels la destinée a été cruelle l'attiraient autant que les souverains de l'intelligence, et, au jour de l'épreuve, ils l'ont trouvée compatissante et délicatement dévouée.

De bonne heure elle s'était établie à ce bord extrême du monde réel, d'où il suffit d'un coup d'aile pour s'élancer aux sphères infinies.

Ce coup d'aile lui a été facile. Ses derniers moments n'ont pas été amers. Sa main dans la main de celui dont elle était si fière, elle nous a quittés sans s'en apercevoir, le souffle s'éteignant peu à peu, douce et recueillie, semblable, non à qui meurt, mais à une personne lasse qui s'arrête enfin pour se reposer.

Elle a vécu ici-bas dans une grande espérance : que Dieu l'accueille en haut dans sa grande paix !

ÉMILE OLLIVIER.

Au cimetière Montmartre.

Jeudi 30 juillet 1891.

Photogravure Braun Clément & Cie.

A

MARIE-JEANNE DE CHAMBRUN

Dans ta robe de velours noire,
  Tu dors ?
Mon âme ne peut pas le croire :
  Les morts !

Ta mère l'avait faite blanche,
  Tu dors ?
Au jour du Seigneur, le dimanche,
  Les morts !

Ta blanche robe d'épousée,
Tu dors?
Et ta robe de baptisée;
Les morts!

Ta mère a donné la première,
Tu dors?
Et moi j'ai fourni la dernière;
Les morts!

Qu'elle tenait haute sa tête,
Tu dors?
Qui pour l'idéal était faite;
Les morts!

Sa sainteté, son héroïsme,
Tu dors?
Se confondaient en stoïcisme;
Les morts!

Elle avait une transparence,
Tu dors?
Pareille à celle de l'enfance.
Les morts!

Te souviens-tu de la montagne,
Tu dors?
Que nous gravissions, ma compagne,
Les morts!

Dans notre jeune et double audace,
Tu dors?
Voyant l'Infini face à face;
Les morts!

Du beau, du vrai, du bien, le verbe,
Tu dors?
Ainsi qu'au printemps pousse l'herbe,
Les morts!

Naissait et vivait dans cette âme,
Tu dors ?
Dont en Dieu s'attisait la flamme :
Les morts !

Tu sculptais ta propre statue,
Tu dors ?
Dans ta chair palpitante et nue ;
Les morts !

L'universelle antinomie,
Tu dors ?
Telle était la philosophie ;
Les morts !

En face, la théologie,
Tu dors ?
Sanctifiait ta poésie :
Les morts !

Santé, matière, nourriture
   Tu dors ?
Toute la nécessité dure,
   Les morts !

De la grande mère nature,
   Tu dors ?
Te paraissaient comme une injure ;
   Les morts !

Quand parmi nous vint prendre place,
   Tu dors ?
Avec son cruel front de glace,
   Les morts !

L'impitoyable visiteuse,
   Tu dors ?
Tu ne la vis pas, dédaigneuse :
   Les morts !

Pourtant de son étreinte roide,
Tu dors ?
De sa profuse sueur froide,
Les morts !

De son apparence livide,
Tu dors ?
Et de sa main toujours avide,
Les morts !

Elle t'avait, sœur fiancée,
Tu dors ?
Dans tous ses réseaux enlacée ;
Les morts !

Et les oiseaux dans le feuillage,
Tu dors ?
Et les cloches du voisinage,
Les morts !

Chantaient du matin leur prière,
Tu dors ?
Lorsque s'abaissait ta paupière ;
Les morts !

Par la fenêtre tout ouverte,
Tu dors ?
L'aube entrait pure, fraîche, alerte ;
Les morts !

Mais tu ne la sentais qu'à peine,
Tu dors ?
S'éteignant ta si douce haleine ;
Les morts !

Un sourire encor de ta bouche,
Tu dors ?
Rayonnait sur la sombre couche,
Les morts !

Quand au cercueil fut renfermée,
Tu dors?
Cette dépouille inanimée,
Les morts!

Qui dans sa blancheur éthérée,
Tu dors?
Semblait comme transfigurée :
Les morts!

Du passé les ombres accourent!
Tu dors?
De leur cortège elles m'entourent;
Les morts!

Sur mon front sa main fine et belle,
Tu dors?
« Comment m'aimez-vous? » disait-elle;
Les morts!

Je sens que mon esprit s'altère,
Tu dors ?
Fais-moi donc place en ton suaire :
Les morts !

Dans la Sainte-Chapelle. — Le Glas.
Lundi, 2 novembre 1891.

Photogravure Braun, Clément & Cie.

INTRODUCTION

I

Le 27 juillet 1891 la comtesse Jeanne de Chambrun expirait à Paris, en son hôtel de la rue de Monsieur. Ces pages, qu'une main pieuse dédie à sa mémoire, sont destinées à retracer l'histoire de cette âme faite toute de poésie et de sensibilité, que dévorèrent sans cesse le noble amour de l'art et l'inquiétude de l'au-delà.

Marie-Jeanne Godard-Desmarest née à Baccarat le 2 février 1827, était la seconde fille du grand industriel dont le père avait fondé, cinq années auparavant, la célèbre cristallerie. Sa famille maternelle était originaire du Béarn ; longtemps encore, près d'Orthez, dans une vieille maison posée au pied du roc que domine la tour de Moncade, vécut son aïeule vénérée.

Marie-Jeanne commença ses études à Baccarat sous la direction de sa mère, et les continua à Paris où sa famille passait une partie de l'année. Elle eut pour maîtres de musique Sauzay, Franchomme, Delsarte, et enfin Reber qui lui enseigna la composition. Elle suivit en outre les cours d'une admirable éducatrice, dont les leçons de littérature développèrent en elle le goût des choses de l'esprit et particulièrement celui de la poésie ; l'étude de l'histoire lui inspira un vif enthousiasme pour Jeanne d'Arc, le peuple de France, et pour Henri IV, le roi de France.

Comme celui dont elle devait plus tard prendre le nom, elle « vénérait » Saint Louis, mais elle « aimait » Henri IV. Le souvenir du roi vaillant se conserve encore dans la maison maternelle. On y garde en effet la reconnaissance, signée par le Béarnais, d'une dette « de deux cents escus au soleil », contractée envers l'un des ancêtres maternels de Mme Godard-Desmarets. Faisant allusion à cette dette non payée, mais périmée, la comtesse de Chambrun disait plus tard en riant au comte de Chambord qu'aucun trésor ne vaudrait pour elle la signature du roi Henri.

Mlle Godard-Desmarest visitait souvent le Béarn où elle vivait doucement par le cœur au milieu de sa famille maternelle. Elle enveloppait d'ailleurs dans une même affection les personnes et les choses. Elle aimait ce pays ; elle aimait à en répéter les chants nationaux, elle aimait la tour de Moncade, et la vieille maison de l'aïeule, la « case » familiale. Elle écrivait plus tard à sa petite-nièce Jeanne au-dessous de l'image de la tour de Moncade gravée sur le papier :

« Reconnais-tu le poétique donjon qui couronne la demeure de famille ? C'est là que je voudrais vivre ! C'est cette fière défense qui faisait battre mon cœur d'enfant, quand, à l'âge que tu as maintenant, mon ange, j'approchais de la maison grand'maternelle. Quelque étrange que soit la chère maison, gardes-en la fidèle tradition, et que son originalité même soit pour toi une attache de plus. Tous les ascendants y auront laissé quelque chose d'eux-mêmes, et tu le rediras aux descendants. » (Lettre à Mlle Jeanne Paraige, 13 septembre 1886.)

Mlle Godard-Desmarest avait quinze ans lorsqu'un deuil cruel vint la frapper. Sa sœur Gabrielle, son aînée de trois ans, prise d'un mal soudain au milieu d'un bal, succombait quelques heures après, dans la fleur de sa jeunesse et de sa beauté. Ce coup imprévu atterra la mère, et plongea la sœur dans une profonde tristesse. L'organisation nerveuse de Marie-Jeanne en fut ébranlée pour toute la vie, et son âme garda de ce malheur un ineffaçable souvenir. Douze ans plus tard, elle écrivait de Luchon à sa mère :

« Nous voici précisément à la veille de cette fête de deuil où l'on se souvient des morts, et puisque je touche à ce triste et doux sujet à la fois, je veux te dire que le 28 ne s'est pas passé sans une pensée vers celle que tu sais. Toute ma journée a été à elle, et le hasard m'ayant fait rencontrer ce jour-là deux pâles petites pensées d'automne, comme deux petites sœurs, l'une un peu plus grande que l'autre mais qui s'est flétrie plus vite aussi, je les ai cueillies, et je t'envoie l'une d'elles, la plus grande, la pauvre morte toujours vivante dans le ciel où nous vivrons un jour ensemble. » (Lettre du 31 octobre 1855.)

Dans sa douleur, la jeune fille, qui s'était déjà essayée à chanter en vers les beautés de la nature pyrénéenne, demanda à la poésie un adoucissement à son deuil. Mais les plus douces consolations pour ce cœur meurtri furent celles qu'il puisa dans les croyances et les espérances de la religion.

Durant ces années, elle avait confié le soin de son âme à l'abbé Augustin Sénac, prêtre éminent, qui sut gagner et conserver à Dieu tant de belles intelligences et de nobles âmes. Selon l'expression délicate d'une amie, elle n'avait demandé au prêtre que la parole de la vie éternelle, il lui apporta en plus le bonheur terrestre : sous ses auspices, le 3 février 1853, elle fut fiancée au vicomte Aldebert de Chambrun.

II

Né à Paris le 19 novembre 1821, Joseph-Dominique-Aldebert, vicomte de Chambrun, appartenait à une vieille famille de la Marche, établie dans le Gévaudan au xvie siècle, à la suite de son alliance avec l'héritière des seigneurs de Lempéri. Il était le fils aîné du colonel comte de Chambrun et petit-fils du marquis de Chambrun, maréchal des camps et armées du roi Louis XVI.

Il fit ses études à Paris, à Sainte-Barbe Rollin, où il eut pour condisciples et pour amis Augustin Cochin et Ernest Picard. Son application au travail et la jeune maturité de son esprit le firent distinguer par l'aumônier du collège, l'abbé Augustin Sénac, qui l'initia à la philosophie chrétienne, et dont les enseignements lui découvrirent les larges horizons vers lesquels il n'a jamais cessé depuis de diriger sa pensée.

Le vicomte de Chambrun avait vingt ans lorsque sa mère lui fut enlevée le 26 avril 1841. Il devait toujours en conserver le regret : « d'elle tout lui était venu en ce monde et en particulier la douleur », disait-il plus de quarante ans après. Cette mort lui imposa de nouveaux devoirs. Pour remplacer la mère absente auprès de son jeune frère, collégien de quinze ans, il devint le plus sûr des guides en même temps que le plus tendre des amis. Les lettres qu'il lui adresse au collège se résument en ces mots de l'une d'elles : « Travaille, prie. »

Après de brillants examens qui couronnèrent les années passées à l'École de droit, il fut nommé sous-préfet de Toulon en 1850, puis promu à Saint-Étienne en 1851, et la même année appelé à la préfecture du Jura, où il eut aussitôt à réprimer l'insurrection menaçante. Il n'avait que trente ans.

Le jeune préfet conservait avec l'abbé Augustin Sénac les plus affectueuses relations. De son côté, l'abbé Sénac avait remarqué l'âme délicate de Mlle Godard-Desmarest. L'idée lui sourit d'unir ces deux enfants de sa tendresse sacerdotale. Il savait que tous les deux trouveraient dans cette union la fusion de leurs âmes en Dieu. Cette fusion des âmes, il la rappela en termes éloquents aux jeunes époux au moment où il leur donna la bénédiction nuptiale.

La cérémonie eut lieu le 11 août 1853, à l'autel de la Vierge, dans l'église Sainte-Geneviève, par une permission, unique alors, de l'archevêque de Paris. La jeune femme portait une parure de fleurs d'oranger et de roses blanches. C'est en mémoire de ces roses du 11 août qu'elle voulut avoir des rosiers blancs dans toutes ses résidences. De longues années après, durant son premier séjour à Nice, elle envoya, à l'anniversaire de ses fiançailles, une couronne à la Vierge devant laquelle elle s'était inclinée, parée des mêmes fleurs.

Au milieu de la foule des parents et des amis manquait l'aïeule nonagénaire que son grand âge retenait en Béarn ; mais elle était présente par la pensée. Peu de temps auparavant, les deux fiancés étaient venus lui demander sa bénédiction, et le vicomte de Chambrun avait su conquérir son affection. Le 6 août, elle leur écrivait : « L'amour du bien sera le lien de votre amour conjugal », et, fière de l'impression produite en Béarn par son futur petit-fils, elle ajoutait : « Tout ici, le peuple même, l'adopte. »

Le 11 août, à l'heure où la bénédiction nuptiale était donnée aux époux, la grand'mère, bien qu'appartenant à la religion calviniste, faisait dire une messe à l'église d'Orthez, tandis que chez elle les membres protestants de la famille s'unissaient aux prières de leur pasteur. Quelques jours après elle reçut, en mémoire du 11 août, de tout jeunes rosiers blancs, et par une délicatesse de mère, elle retarda leur végétation de façon qu'ils fleurissent au moment même où les époux arriveraient sous son toit hospitalier. Elle leur adressait ces lignes charmantes : « Me voilà comme une plante qui végète, que vous arrosez, mes chers enfants, par vos doux témoignages de tendresse filiale, pour lui donner encore la force sinon de refleurir, du moins de pousser quelques feuilles dans la saison promise. » (Lettre du 7 janvier 1854.)

Le soir même du mariage, ils partirent pour le Jura. Mme de Chambrun était pleinement heureuse. Sa famille avait accueilli avec enthousiasme l'époux de son choix. Dès le 14 août sa mère écrivait : « Oh! oui, je le bénis notre Aldebert, pour le bonheur qu'il te donne déjà, et je le bénis pour celui que tu lui donneras à ton tour, car il est aussi mon enfant et je veux qu'il soit heureux. »

M. Godard-Desmarest écrivait aussi à sa fille : « Tu es heureuse, ma chère amie. Ton bonheur a été le but constant de nos vœux et de nos efforts; ce but est atteint. Je bénis le ciel de nous y avoir conduits et de t'avoir fait trouver, par l'entremise de notre excellent abbé Sénac, un mari auprès duquel tu éprouves ce calme de l'âme dont tu parles avec expansion. » (Lettre du 1er janvier 1854.)

Et de son côté le colonel de Chambrun disait à sa belle-fille : « C'est une immense satisfaction de vous compter dans notre famille et de vous appeler ma fille chérie; car vous êtes notre *auréole*, pour me servir de l'expression d'Aldebert qui, dans son égoïsme, se l'appliquait à lui seul : permettez-moi d'en revendiquer une part, comme tous les miens. » (Lettre du 2 janvier 1854.)

Ainsi tout souriait aux jeunes époux, et jamais peut-être

toutes les conditions matérielles et morales du bonheur ne furent plus complètement réunies.

III

La vicomtesse de Chambrun sut faire les honneurs de la préfecture du Jura avec une grâce souriante qui lui conquit tous les cœurs. Un portrait de Dubufe, de cette époque, nous la représente svelte, élancée, le visage délicat et fin, aux lignes pures, les cheveux châtain clair, souples et soyeux, les yeux bleus rayonnants de lumière. Ce que le portrait ne peut rendre, mais dont se souviennent tous ceux qui l'ont connue, c'est la grâce aérienne de sa démarche, la douceur de sa voix, et l'admirable talent de cantatrice et d'exécutante avec lequel elle interprétait les œuvres des plus grands maîtres.

Mais à toutes les fêtes du monde la jeune femme préférait la société de son mari qui, par le charme grave de ses entretiens, élevait son âme et la fortifiait. Pour demeurer avec lui, elle ne craignit pas de braver les fatigues d'une tournée administrative dans les montagnes. Plus tard, comme il était question de la préfecture de l'Allier et qu'il la consultait, elle lui répondit : « Que m'importent

Moulins, le Jura, l'univers entier ? Qu'est-ce que tout cela ? Rien, moins que rien devant un regard de vos yeux, un sourire de vos lèvres, une parole de votre bouche. Où vous êtes, là est mon univers, ma patrie, mon bonheur et mon ciel. Où vous n'êtes pas, là est pour moi le vide, l'ombre, l'abandon, le désert. Ce que je prenais pour un vif attachement aux lieux où j'ai vécu quelque temps (comme je l'éprouvais en effet avant mon mariage, avant que ce séjour de prédilection ne fût embelli par votre présence) n'est plus aujourd'hui qu'un attachement indirect dont vous êtes la cause et l'objet. Il me fait voir que c'est vous et vous seul qui peuplez et charmez les lieux que j'habite avec vous. C'est ce qui fait sans doute qu'après avoir tant aimé, et tout en regrettant vivement ce pays où je laisserai le charme des premiers souvenirs, si la balance penche vers Moulins, dès que je vous y trouve en pensée et moi auprès de vous, l'Allier devient pour moi un pays enchanteur et se pare tout à coup à mes yeux prévenus la veille, des plus riantes et séduisantes couleurs. Pourquoi ? Parce que c'est vous que j'y vois et vous seul que je regarde, et que c'est vous que j'y reverrais. » (Lettre du 8 novembre 1853.)

Ce parfait bonheur dura à peine six mois. Au commencement de février 1854, M. de Chambrun tomba de cheval, et on le rapporta, la tête ensanglantée, à la préfecture.

L'angoisse, la terreur de la jeune femme n'eurent d'égal que son dévouement. Quand le danger immédiat eut disparu, la vicomtesse emmena le convalescent aux eaux de Luchon, et de là à Moncade. A peine se trouvaient-ils auprès de l'aïeule que le choléra envahit le Jura.

Le préfet ne recula pas plus devant les dangers de l'épidémie qu'il ne l'avait fait devant ceux de l'insurrection. Vraie sœur de charité, comme le nommait Mme Godard-Desmarest, il soigna et porta lui-même les cholériques abandonnés : dévouement bien digne de celui qui a pu dire un jour : « Le toit de l'indigent et du pauvre, c'est là qu'habitait mon administration, c'est là qu'était mon cœur. »

La vicomtesse avait suivi son mari dans le Jura. Elle le vit atteint lui-même du redoutable fléau. A peine rétabli, il voulut qu'elle s'éloignât. Mais elle résista à ses instances, forte de son amour et des conseils de sa mère qui lui écrivait :

« Enfant chérie, tâche de reprendre un peu de courage ; tu es fortement éprouvée, et tu penses combien je souffre de te savoir ainsi. Mais Dieu te soutiendra, et te tiendra compte de tes angoisses. Prends sur toi autant que tu le pourras pour toi et pour lui, ne lui montre pas toutes tes inquiétudes, et cet effort même te sera salutaire. Mais ne le quitte pas, à moins qu'il ne l'exige absolument. Tu penses si je souffre de te donner ce conseil, mais ta place est auprès de lui. Il ne faut jamais se préparer de regrets, quelque chose qui puisse arriver. Dis-lui que tu serais trop malheureuse loin de lui. Entoure-le de soins, de prévenances, sans le contrarier ; tâche de prendre même un peu de gaîté, cela le distraira et te forcera à te distraire toi-même... » La mère ajoutait des recommandations hygiéniques, et terminait ainsi : « Enfin, fille chérie, encore une fois prends courage, c'est un rude moment à passer, mais il passera, j'en ai la confiance, et j'ai besoin de l'avoir. »

Enfin le fléau cessa. M. de Chambrun, dont la santé était fort ébranlée, donna sa démission le 26 novembre 1854. Les jeunes époux laissaient dans le Jura le souvenir de leurs bienfaits. En partant, Mme de Chambrun adressait de généreuses offrandes au curé de sa paroisse et au maire de la ville. En même temps, elle écrivait au premier :

« Je souhaite aux pauvres du cher pays que je quitte avec tant de regrets, la continuation de votre zèle admirable pour leur soulagement ; et à vous, Monsieur l'abbé, les récompenses célestes attachées pour l'éternité et dans cette vie même à la pratique du bien. »

Et au maire de Lons :

« Je prie Monsieur le maire (à qui je regrette de ne pouvoir dire adieu en quittant sa chère ville) de distribuer en mon nom cette petite somme aux pauvres, le plus tôt possible, et de comprendre dans sa distribution quelques personnes intéressantes qui m'ont été recommandées et qui ont dans ce moment besoin qu'on vienne à leur secours pour leurs loyers ou leur subsistance. »

Le vicomte et la vicomtesse de Chambrun vinrent alors à Paris habiter, sur le boulevard des Invalides, l'hôtel de Verteillac, qu'ils ne devaient quitter que vingt-huit ans plus tard. Mais avant de s'y installer, ils firent ce voyage d'Italie qui resta le plus radieux souvenir de leur vie et consomma cette fusion de leurs âmes amenée et préparée par l'abbé Sénac.

A Rome, M. et Mme de Chambrun assistèrent à la proclamation du dogme de l'Immaculée Conception. La jeune femme n'oublia jamais cet imposant spectacle. Dix-sept ans après, elle écrivait de Vichy à son mari : « Vous rappelez-vous Rome ? C'était hier, ce grand jour où nous partagions des impressions si grandes ! Au lieu des deux cents évêques faisant cortège au Saint-Père dans la première basilique du monde chrétien, j'assistais à la procession des congréganistes de Vichy : quelle chute ! Mais c'était toujours Dieu, la Vierge, et votre pensée qui planait. » (Lettre du 9 décembre 1872.)

Quelques semaines après les fêtes qui avaient accompagné la proclamation du dogme, elle notait elle-même les impressions que Rome lui faisait éprouver, dans la lettre suivante à son ancien curé de Lons.

« Ces souvenirs et ces vœux que je vous apporte aujourd'hui, Monsieur le curé, devaient vous arriver dans les premiers jours de l'année nouvelle. Dès ce moment, en effet, et même avant, dès mon arrivée ici, et surtout vers l'époque de l'Immaculée Conception, je m'étais promis de venir vous faire part de quelques impressions bien profondes sur Rome, en même temps que des regrets constants que du sein même de la Ville éternelle, j'envoie à ma chère ville de Lons, à ses bienveillants habitants, à mon vieux couvent, à mon jardin, à mes montagnes, à ma chère tribune (que je ne retrouverai nulle part) et surtout à notre bon et digne et intelligent curé (que nous retrouverons bien moins encore)! Mais je suis dans un lieu où les journées suffisent à peine à visiter, à étudier, à méditer les souvenirs religieux, historiques, artistiques, que l'on y foule à chaque pas. Et c'est là ce qui a tant retardé ces paroles de reconnaissant et affectueux souvenir que depuis si longtemps je veux vous envoyer. Je vous écris aujourd'hui au retour d'une impressionnante et touchante visite aux catacombes, dans ces dédales souterrains où, dans leur foi naïve et forte, nos pères, les premiers chrétiens, se réfugiaient, et d'où ils sont sortis pour conquérir le monde avec la palme du martyre. Je voudrais vous parler aussi, Monsieur et cher curé, de l'imposante assemblée du 8 décembre et de notre audience du Saint-Père lui-même, dont la physionomie, pleine de mansuétude et de bonté, exprime à un si haut degré ce caractère de paternité universelle; et du bonheur que j'ai eu il y a quelque temps de recevoir la communion de la main de Sa Sainteté, faveur bien rarement accordée aux femmes; et de cette magnifique basilique de Saint-Pierre élevée sur le tombeau du grand apôtre, grande et frappante image de ces paroles que je relisais l'autre jour en entendant la messe à l'autel souterrain du tombeau même de saint Pierre : *Tu es Petrus, et super hanc petram œdificabo Ecclesiam meam;* et de bien d'autres choses encore. Mais le temps et mes moyens n'y suffiraient pas, et d'ailleurs notre bon évêque vous en aura parlé sans doute d'une manière plus intéressante que je ne saurais le faire. Tout ce que je puis, c'est vous souhaiter de les voir de vos yeux, de les toucher de vos mains, ces merveilles de piété ou de puissance ou de génie, que mieux qu'un autre vous sauriez apprécier et goûter. Elles inspirent à mon mari de grandes et profondes pensées, qu'il me communique parfois, et qui m'aident à comprendre tout l'intérêt et la grandeur des lieux que je visite. Ce dernier vous envoie ses compliments les plus sympathiques et vous prie d'être son interprète auprès de toutes les personnes qui veulent bien se souvenir de lui. Je vous fais la même prière, et vous demande de conserver l'affection du pasteur à la brebis errante et voyageuse. » (Lettre de Rome, 4 mars 1855.)

Le séjour de Rome ne procura pas moins de jouissances à l'artiste et au poète qu'à la chrétienne. Les chefs-d'œuvre de l'art excitèrent en elle un vif enthousiasme, qui revivait encore longtemps après dans sa conversation ; en l'entendant, on croyait voir avec elle ces belles œuvres qu'elle-même revoyait en effet par la pensée.

Pendant le long séjour que firent à Rome M. et Mme de Chambrun, un maître illustre, M. Hébert, alors professeur à l'Académie de France, fit, sous les lauriers de la Villa Médicis, le portrait de la jeune femme. La joue penchée sur la main, l'œil pensif et doux, le regard s'en allant vers les au-delà, la lèvre entr'ouverte par un sourire calme et léger, elle semble ravie par la contemplation de l'idéal. Artiste lui aussi, le comte de Chambrun fut vivement frappé du caractère inspirateur de ce portrait. Il l'appela « la Muse », et le nom lui est resté.

IV

Le 11 décembre 1856, le colonel comte de Chambrun achevait dans la paix du Seigneur sa vie d'honneur, de chevaleresque fidélité au passé, de familiale bonté. Mme de Chambrun était alors à Moncade; lorsqu'elle acccourut du fond du Béarn, tout était fini :

« Pauvre mère! tu savais donc tout ! écrivait-elle alors. Je n'ai pu que baiser le mur de la chambre où il dort! « Il dort toujours! » me disait Aldebert éclatant en sanglots, en revenant ce matin de cette chambre de douleurs, à l'heure où son père avait rendu hier le dernier soupir! Pauvre bon père! c'est le cri incessant de son enfant désolé mais calme, mais sublime : c'est le Christ en croix ». Et l'affligé ajoutait ces quelques mots sur lesquels une larme a laissé sa trace : « J'embrasse maman de toute ma tendresse, et lui demande de se soigner pour ses enfants. »

Quelques semaines après, le 25 janvier 1857, Mme Godard-Desmaret, cette sage conseillère que nous avons vue dans une récente épreuve, assez courageuse pour montrer à sa fille le devoir là où était le péril, cette mère « angélique » mourait dans les bras de ses enfants.

Ce double deuil ébranla la santé de la comtesse, et réveilla l'état de souffrance nerveuse où l'avait jetée jadis la mort de sa sœur. Son père la ramena à Moncade près de l'aïeule presque centenaire, qui lui donnait l'exemple du courage et de la résignation sans pouvoir l'empêcher de se répandre en plaintes et en gémissements.

« Eh! oui, ma bonne tante, écrivait-elle alors, je suis

bien à plaindre! j'ai perdu la meilleure des mères, une providence constante et palpable à mon côté, à celui d'Aldebert qui, dans sa première douleur, se raccrochait si tendrement à la douce et touchante affection de ma mère, de *sa* mère! Merci de votre sympathie, j'en ai besoin, et de vos prières aussi, car je ne puis porter le poids qui m'oppresse, je me révolte et me soulève! Ah! si l'épreuve m'atteignait seule! Que Dieu me frappe et me comble de coups! Mais quand je vois mon Aldebert si durement poursuivi depuis sa première jeunesse si pure et si belle, oh! alors je défaille et je crie, je crie à l'injustice, et je me désespère. Ah! s'il est vrai que Dieu châtie ceux qu'il aime, il nous aime bien tous les deux! Jusqu'où ira son amour... ou sa colère? Mais nous, qu'avons-nous fait, grand Dieu, pour l'attirer? » (Lettre d'Orthez du 6 février 1857.)

Bientôt après, M. de Chambrun dut aller aux eaux de Wiesbaden, où sa femme eut la grande douleur de ne pouvoir l'accompagner. Elle passa ce temps au château de Cossesseville en Normandie, auprès de la sœur de son mari, Mme la marquise de Montagu d'O. Elle nous donne elle-même les raisons de cette séparation :

« Vos adorables lettres, élans si tendres de dévouement et de compassion, écrivait-elle à une amie, sont venues me trouver au fond de la Normandie, dans une terre solitaire de ma belle-sœur de Montagu, où j'avais été m'enterrer avec mon désespoir, au lieu d'accompagner mon ami malade et malheureux dans quelque solitude de l'Allemagne, où il espérait retrouver un peu de force physique et morale. Il fallait pour cela le laisser seul. Quel terrible aveu à se faire! La vue de ma tristesse, la présence de ma désolation faisait trop de mal à sa sensibilité nerveuse et exaltée. Nous nous aimons trop pour pouvoir supporter impunément la souffrance l'un de l'autre, et j'ai donc dû le quitter pour lui laisser un peu de repos dans sa douleur! Mais c'en était trop! Mon pauvre corps s'est brisé comme s'était brisée mon âme, et j'ai bien cru un instant que Dieu m'en avait envoyé plus que je n'en pouvais porter, et que j'étais au bout de mes peines! Cependant j'ai repris le dessus pour cette fois. » (Lettre du 7 mai 1857.)

La jeune femme se sent en effet assez forte pour consoler son mari, et lui envoyer au milieu de ses pleurs le sourire de l'espérance.

« Voici, mon bien-aimé, lui écrit-elle, la première au bépine de l'année, première fleur de ces haies embaumées, les mêmes en tout pays et toutes les années, première parure de *l'éternelle et de l'enchanteresse*, la même en Normandie en 57 que dans le Jura en 53; l'orage, l'hiver peuvent la flétrir ou pâlir un instant, mais elle se relève plus fraîche et plus belle, et répand de nouveau sur la terre sa sève vivifiante.

« Cette pauvre fleur de nos cœurs, qui s'ouvrait seulement alors que vous parcouriez solitaire et rêveur « les « derniers sentiers de vos collines », abattue maintenant par l'orage et glacée par les vents d'hiver, se relèvera un jour plus brillante et plus belle au souffle printanier, à la rosée céleste de la grâce de Dieu ; plus éternelle que l'*éternelle*, elle peut avoir ses saisons, mais elle n'a point de terme. » (Lettre du 8 avril 1857.)

L'anniversaire du jour où M. de Chambrun avait perdu sa mère, seize années auparavant, elle écrivait :

« Elles sont allées faire connaissance au ciel, les deux tendres mères des deux pauvres enfants désolés. Elles s'y occupent d'eux encore, n'est ce pas ? elles les y attendent, elles les regardent, elles les bénissent. Hier, aujourd'hui, demain, tous les jours! mais tous les jours aussi l'amour de mon ami et le mien pour lui! » (Lettre du 26 avril 1857.)

Et pour mieux le consoler, elle lui dit, le lendemain, ce qu'il est pour elle : cet arbre dont parle la Sulamite : « Je me reposerai à son ombre. Ainsi parle l'épouse du *Cantique*, à ce que me dit mon bon saint François à qui je viens chaque matin demander quelques consolantes paroles. Ainsi je parle, moi, l'épouse privilégiée et heureuse entre mille, entre cent mille, entre toutes, l'épouse d'Aldebert! »

« Heureuse, privilégiée entre toutes », disait-elle, et cependant un journal qu'elle nous a laissé de ce temps contient bien des pages pleines de douleur et de sanglots. Commencé en Normandie, loin de son mari, elle l'achevait près de lui à Paris. Ce journal n'était destiné, comme nous allons le voir, qu'aux « deux médecins de son âme », son mari et l'éloquent et saint religieux dont elle était alors la fille spirituelle, le père de Ravignan. Nous en citerons de longs extraits, où elle se révèle tout entière :

« Cossesseville, 7 avril, mardi saint, 57.

« Cette nuit j'ai cru mourir. Comme me le dit ma belle-sœur, ce que j'endure depuis quatre mois est au-dessus de mes forces, et j'ai peur d'y succomber. Oui j'ai peur, je suis seule en ce lieu tout étranger pour moi, malgré la sollicitude affectueuse et dévouée qui m'y entoure, loin de mon ami, de mon unique, de mon tout en ce monde ; séparée que je suis à tout jamais de ma mère, de ma providence, et j'ai peur de mourir ainsi.

« Mercredi saint, 8 avril.

« C'est donc le moment de faire en toute simplicité cette confession de douleurs sinon de fautes qui, si je vis, me fera connaître des deux médecins de mon âme, mon bien aimé Aldebert et le père de Ravignan.

« Jeudi saint, 9 avril.

« Chaque jour à lui seul remplirait des volumes. Il faut donc renoncer à parler du présent, c'est le passé qu'il faut sonder afin de régler l'avenir. Cependant ces tristes confidences participeront, j'en suis sûre, de ce mélange d'enfantillage et d'âge, de jeunesse et de développement qui me caractérise (je n'aime point cette expression, mais je n'en trouve pas d'autre).

« Vendredi saint.

« Oh! Dieu, ayez pitié; ma croix est trop lourde, je succombe. Faites que ce calice s'éloigne de moi : *fiat voluntas...* Oh! si j'étais bien sûre que c'est votre volonté directe, expresse, providentielle, qui m'arrache ma mère, ma mère! Cette croyance était ma consolation autrefois... mais encore! je sentais tellement dans mon malheur la main, l'erreur de l'homme, que je doutais, que je craignais déjà. Combien plus, depuis qu'un sage, un saint ami m'a montré la liberté humaine intervenant et renversant souvent les desseins premiers de la Providence

Tout le long du jour, des sanglots, un immense besoin de donner du bonheur à maman. Je l'avais rêvé. Devant le Sauveur même, sanglots déchirants. Je baisais le Crucifix consacré pour les apaiser; mais en vain. Ils continuaient à briser le silencieux recueillement de l'église. J'unis le sacrifice de ma mère à celui que la Vierge offre aujourd'hui de son Fils. Je retrouve marqué dans ma *Semaine sainte* : « Femme, voilà ton fils... ta mère! »

« Samedi saint, 11 avril.

« Ces pauvres enfants de chœur me regardent pleurer avec un étonnement singulier. Ils me croyaient sans doute plus heureuse qu'eux! Pauvres petits! ils avaient vu bien des misères auprès d'eux; ils n'avaient jamais vu tant de larmes. Oh! le baiser de ma mère au retour de la communion! et hier de la confession! Oh! mon Dieu! que j'en ai besoin! votre sainte présence ne me rapaise pas; j'ai besoin de ma mère! Mon Dieu, je vous la donne. Marie, soyez la mère d'Aldebert comme celle de Jean. Et ce soir ils chantent le joyeux Alleluia.., et moi je pleure encore.

« Le jour de Pâques, 12 avril.

« Alleluia! Alleluia! tout le répète autour de moi, et les oiseaux du ciel et les voix de la terre, les anges et les hommes, les heureux et les pauvres. Moi seule, dans cette foule de cœurs simples ou déshérités, moi seule, douée de tous les dons de la fortune, je réponds à ce chant, à ce cri de joie, par un soupir, par un sanglot, — j'essaie, — mon cœur le chante à la louange du Très-Haut, mais il expire sur mes lèvres et se perd dans un sanglot. Tristes, mais doucement, nous revenions un jour, ma mère et moi, de l'église où ma sœur et moi nous avions reçu le Sauveur pour la première fois, nous venions d'entendre un joyeux *O Filii*. Mère, t'en souviens-tu?

« Lundi de Pâques, 13 avril.

« Être seule à se rappeler! Mélanie a ses frères, sa tante, seconde mère, et s'il en est qui n'ont personne avec qui se souvenir, elles ont un enfant pour qui espérer. Pour moi, passé, présent et avenir sont réunis sur une seule tête, la plus digne d'amour, d'honneur et de louanges; mais hélas! toute ma pensée, tout mon cœur, tout mon besoin de dévouement, toutes mes aspirations, se dirigent vers un autre être adoré qui n'en a plus besoin, et qui n'existe plus que dans mon souvenir et dans mes affections, et ma reconnaissance jamais dite lorsqu'elle pouvait l'entendre! car cette physionomie chérie si pure, si belle, que la pierre de la tombe m'a ravie et dérobée à jamais, ce n'est plus Elle, ce n'est plus ma mère. Et cette âme angélique que le ciel a reprise, cette âme heureuse et tranquille en son Dieu, ah! ce n'est pas ma mère non plus, je ne saurais la reconnaître, puisque mes larmes ne sauraient l'attrister et donner une ombre à sa lumière. Elle a tant souffert de mes douleurs! Et moi, n'ayant d'autre sein où les verser, puisqu'à mon ami je n'osais, je ne savais les dire alors qu'il me les demandait, et maintenant je ne le dois puisqu'elles le tuent, je les lui laissais voir, et cela fait et fera mon éternel chagrin, mon remords? Oh! mon Dieu! vous savez si j'ai voulu bien faire. Il me semblait qu'une mère était, devait être la confidente de sa fille; à qui donc aller en souffrance, sinon à celle qui vous a portée dans son sein et qui vous a aimée pour les douleurs que vous lui causiez! Le cri de la jeune femme à son premier enfant n'est-il pas d'appeler sa mère? Et moi, si je porte en mon sein l'enfant de la douleur j'appellerai: Maman! Nul ne répondra! Ah! mère! Avec quel empressement, quelle sollicitude, quelle inquiétude joyeuse tu serais accourue! Supplice des supplices! Bénédiction pour les autres, pour moi tournée en désolation. Mais plutôt sans doute désert et solitude, à deux, et encore...

« Jeudi, 16 avril.

« Ne sais-je pas que je suis vouée au malheur, moi et tout ce que je touche? C'est la bouche la plus sainte, la plus pure, la plus douce, qui me l'avait fait entendre, et ne le savais-je pas? Une seule fois, pendant son martyre, la triste vérité s'est échappée des lèvres de cette victime adorée, non pas, oh! non, sous forme de plainte, mais d'avertissement salutaire. Hélas! si je pouvais de cette vérité faire une erreur, une chimère! mais que d'obstacles, mon Dieu! Le plan d'une vie active donné par mon ami comme remède et moyen, puis-je le suivre en l'état de souffrance (je ne dis pas moral, mais physique) où je suis depuis mon arrivée ici. Cette nuit j'ai senti l'angoisse de la mort. Je la supporte avec le jour, mais je la porte encore.

« Vendredi, 17 avril.

« Plus que jamais peut-être je l'ai ressentie cette nuit et ce matin, cette angoisse suprême. J'ai remis bien des fois mon esprit entre les mains de mon Dieu, comme faisait mon bien-aimé durant ces jours héroïques du choléra. Mais hélas! cet esprit que je sentais m'échapper, je le voulais retenir malgré ma prière. Oh! Dieu! sur quelle croix j'ai été attachée avec vous aujourd'hui! Dans cet instant de moindre malaise, je viens dire un pieux adieu à ceux, à *celui* que je laisserais sur la terre si je partais cette nuit. Mais non. Il a cru mourir aussi à Antenac; ma consolation est de penser que je souffre peut-être autant qu'il a souffert!

« Samedi, 18 avril.

« Je suis encore de ce monde. Je veux sourire (non pas *rêver*), et non pleurer; cela me fait trop de mal. Cela serait la seule amère volupté permise à la douleur que de se laisser ainsi aller en sanglots et en larmes; mais je n'ai pas la force physique, et ma mère s'est tuée ainsi: elle, en pleurant sa fille, moi en pleurant ma mère.

« Dimanche, de Quasimodo, 19 avril.

« Entre deux défaillances encore, je veux essayer de me distraire, par la contemplation de mes douleurs mêmes, de l'oppression angoissante que me donnent ces voix de vêpres qui m'arrivent par ma fenêtre ouverte au doux soleil d'avril, portées sur une fraîche brise de printemps. Les cloches du village voisin joignent leurs harmonies à celles des voix de l'église beaucoup plus harmonieuses, à vrai dire, de loin que de près. Les oiseaux chantent aussi, et ainsi se mêlent les harmonies du ciel et celles de la terre. Lesquelles sont du ciel, lesquelles de la terre?... Les oiseaux semblent du ciel; les hommes de la terre. Mais ces voix rudes et grossières ont une âme qui les pousse; les oiseaux n'ont que leur instinct. Hélas! les pauvres bonnes gens en savent-ils plus long que ces petits oiseaux?

« Lundi soir, 20.

« Il eût fallu des volumes pour contenir tout ce qui débordait hier de mon triste cœur au moment où j'écrivais les lignes qui précèdent, et je n'avais qu'une page à moi. J'ai dû m'imposer cette limite quotidienne, parce que sans cela mes tristes confidences se seraient prolongées indéfiniment chaque jour, et dans le scrupule où j'étais même si je devais m'accorder cette amère satisfaction, je n'ai trouvé que ce moyen terme de conciliation entre le silence et trop de douloureuses paroles. « Je m'écorche bien mes plaies tout le jour, » comme dit Aldebert, mais tout bas et sans manifestation.

« Mardi, 21.

« Je jette, il est vrai, mes déchirures d'âme, de tête, de cœur, sur des papiers volants que jamais je ne pourrai relire et que nul œil ne cherchera même à déchiffrer. Mon ange me les interdit, mais où est la limite? car il est de ces choses qu'il peut être bon de se rappeler, de ces questions dont la réponse ne se peut trouver que plus tard. « Les choses pratiques », dit-il. Mais celles-ci m'amènent aux choses du cœur, de la pensée, de la douleur, ce qui est même chose pour moi, pauvre âme dont toute la puissance est consacrée à la souffrance. Je trouve bien moyen de mettre de la poésie et des souvenirs douloureux dans un inventaire et dans un livre de comptes.

« Mercredi, 22.

« Si Dieu m'en laisse le temps, je tâcherai de déchiffrer et de transcrire ici quelques-uns de ces élans de la douleur parmi le peu de feuilles qui auront échappé au naufrage de mes voyages, de mes agitations, disons-le, de mon désordre (fruit de mes tristesses et de mon imagination trop ardente dans mes désolations). Aujourd'hui je reçois l'appel de mon bien-aimé, et mon cœur ne tressaille plus de joie? Hélas! a-t-il jamais tressailli à cette seule consolation de ma vie? Et cependant est-il un cœur plus aimant, plus aimé? Mais en est-il un où les sentiments doux et joyeux ont été plus comprimés, refoulés, anéantis par les douloureux?

« Jeudi, 23 avril.

« Hélas! si je ne fais un terrible effort sur moi-même et sur cette timidité que me donne l'exceptionnalité même de mes douleurs, les jours se passeront, ces tristes feuilles se noirciront sans que se découvre la blessure première, la douleur mère de toutes les douleurs! Comment le dire, et par où commencer?... Ne dirait-on pas qu'il y a quelque faute? Hélas! il n'y a que souffrance. Et je dis : hélas! Ah! c'est que j'en accepterais les suites comme une expiation, elles auraient aux yeux de la justice une raison d'être; ici elles n'en ont point, en apparence du moins, si ce n'est de détruire une à une toutes mes facultés, de les rendre inutiles à moi-même et aux autres. Et pourtant c'était Dieu qui me les avait données. Elles avaient un but sans doute? Est-ce donc lui qui me les retire?

« Vendredi, 24 avril.

« Demain trois mois! trois siècles! trois éternités de douleur divisées en trois phases distinctes, chacune dans leurs tortures spéciales, les mêmes dans le fond! Orthez, Paris, Cossesseville; le désespoir du premier étourdissement, désespoir *incomprenant* encore, désespoir solitaire; et puis le désespoir auprès de mon ami, où je sens tout le mal que lui fait ma douleur, et où ma douleur aussi s'en augmentant, le mal que je lui fais devient intolérable; alors vient Cossesseville, douleur plus calme mais plus profonde; moins de cris, plus de pleurs; et tous les jours je comprends d'une manière plus déchirante, plus vraie, l'immensité de ma perte, *notre* perte! Et ce soir, au retour de l'église, j'ai embrassé sa sœur comme autrefois ma sœur, comme j'embrassais *Elle!* et demain je communie pour *Elle!*

« Samedi, 25 avril.

« Ah! mère, mère, que je suis seule! que nous sommes *seuls*! toi seule le connaissais, le comprenais par amour maternel, plus tendre et plus touchant encore, s'il est possible! Mère, mère, je ne peux plus vivre sans toi! Un miracle, mon Dieu! Reviens, reviens!

« Dimanche, 26 avril.

« Hier ma mère, aujourd'hui la sienne. Il en a perdu deux, lui! Il y a seize ans, cette mère que je n'ai point connue, mais que je pleure pour celui qu'elle aimait et qui l'aimait! Ne devrais-je pas cependant me réjouir, tressaillir d'allégresse? J'attends demain le bien-aimé du ciel, après-demain le bien-aimé de la terre venu du ciel aussi pour m'y conduire, m'en montrer le chemin, et je pleure; et la douleur, dit un saint, supportée avec impatience, c'est l'enfer! Oh! mon Dieu, je ne puis croire : dès qu'il y a douleur et bonne volonté, il y a compensation, s'il y a justice; du moins vous l'acceptez, mon Dieu, et vous la bénissez, et cela doit suffire.

« Paris, mardi soir, 28 avril.

« J'ai revu mon ami, mon père, et je n'ai pas été heureuse; j'ai eu le sourire sur les lèvres et la mort dans le cœur. Mon ange est souffrant toujours; il ne me le dit que bien doucement, mais je vois qu'il le pense et le sent. Oh! Dieu, je défaille : moi qui croyais trouver secours et force auprès de lui, je les trouve en son âme; mais quand je le vois défaillir et souffrir, oh! alors je tombe tout à fait, si la main de Dieu ne me soutient, ne me relève, et cette main je ne la sens pas.

« Jeudi, 30 avril.

« Les pervenches et les pensées cueillies à Cossesseville vont mourir sur la tombe de ma mère et de ma sœur. Avec mon ami j'ai fait le douloureux pèlerinage, comme autrefois avec « pauvre maman » qui pleurait tant, qui souffrait tant ! plus que je ne comprenais peut-être ! Et maintenant me voit-elle du moins ? Je le demandais timidement à mon ange, à mon oracle, à mon « livre ouvert ». De toutes mes incertitudes, en peut-il être de plus poignantes ? Et il n'osait pas me répondre ? « Il ne peut, disait-il, y avoir de certitude. »

« Vendredi, 1ᵉʳ mai.

« *Ave Maria.*

« Premier jour du mois de Marie, du mois des fleurs, du mois des sourires, je te salue avec des sanglots, et mon ami me dit : « Il est passé, et le 2 passera, et dans peu « nous serons au déclin. Ainsi supportons-en le poids. » Et ce poids, c'est moi qui l'augmente, c'est moi qui le crée, par cette terrible faculté de souffrir qui fait des moindres détails de ma vie et de celle de mon ami un supplice, un enfer. Sa vertu même m'est matière à souffrance et irritation, le monde l'ignorant. Ne pouvant donc lui rendre la justice qu'il mérite, la vénération, les honneurs, je souffre ; et, souffrant, je le fais souffrir.

« Samedi, 2 mai.

« *Ave.*

« Le monde le posséda sans le connaître. Moi seule je l'ai connu, moi seule. »

Devant les hautes qualités morales et intellectuelles de son mari, devant le dévouement absolu avec lequel, dans une austère et pure jeunesse, il se donna au vrai, au bien, au beau, elle laisse déborder de son cœur l'amour et l'admiration que lui inspire celui qui lui dit, comme Salomon à la Sulamite : *Soror, sponsa mea.* Par amour pour lui, elle faisait tous ses efforts pour se reprendre et se rattacher à la vie, mais la pensée de la morte devait toujours rester douloureusement présente à son cœur. Un an après, un rêve où elle avait vu sa sœur Gabrielle, lui faisait dire : « Elle toujours, après seize ans ! Que sera-ce de mère ? Ah ! ce sera la vie, quelque longue qu'elle soit, et elle ne le sera pas. » (Lettre du 29 juin 1858.)

Elle le fut cependant, mais la douleur ne finit qu'avec elle. « Chaque jour, au lieu de la calmer, ne fait que la rendre plus cuisante en rendant plus vif le besoin de revoir l'être adoré que nous pleurons, » écrivait-elle plus tard à une amie frappée du même malheur. (Lettre du 14 juin 1861.)

« Mère ! » que de fois ce cri lui échappe ! Sept ans après, elle entrait, à l'anniversaire de sa naissance, dans la chambre de la morte, et, agenouillée, embrassait en sanglotant le lit où cette mère l'avait mise au monde. En face de cette douleur, on comprend qu'elle se soit écriée : « Si l'on dit *Mater dolorosa*, combien peut-on dire aussi *filia dolorosa?* »

V

Aux souffrances venant du dehors, s'ajoutait pour Mme de Chambrun le chagrin de sentir en elle toutes ses facultés rester inutiles et inactives. Elle nous en fait l'aveu dans quelques lignes tracées au crayon, à Biarritz :

« Je pleurais, dit-elle, ma jeunesse passée dans les souffrances et dans les larmes, et surtout (car la souffrance, toute vive qu'elle fût par mon tempérament sensitif, n'était moindres détails de ma vie et de celle de mon ami un supplice, un enfer. Sa vertu même m'est matière à souffrance et irritation, le monde l'ignorant. Ne pouvant donc lui rendre la justice qu'il mérite, la vénération, les honneurs, je souffre; et, souffrant, je le fais souffrir.

« Samedi, 2 mai.

« *Ave.*

« Le monde le posséda sans le connaître. Moi seule je l'ai connu, moi seule. »

Devant les hautes qualités morales et intellectuelles de son mari, devant le dévouement absolu avec lequel, dans une austère et pure jeunesse, il se donna au vrai, au bien, au beau, elle laisse déborder de son cœur l'amour et l'admiration que lui inspire celui qui lui dit, comme Salomon à la Sulamite : *Soror, sponsa mea.* Par amour pour lui, elle faisait tous ses efforts pour se reprendre et se rattacher à la vie, mais la pensée de la morte devait toujours rester douloureusement présente à son cœur. Un an après, un rêve où elle avait vu sa sœur Gabrielle, lui faisait dire : « Elle toujours, après seize ans! Que sera-ce de mère? Ah! ce sera la vie, quelque longue qu'elle soit, et elle ne le sera pas. » (Lettre du 29 juin 1858.)

Elle le fut cependant, mais la douleur ne finit qu'avec elle. « Chaque jour, au lieu de la calmer, ne fait que la rendre plus cuisante en rendant plus vif le besoin de revoir l'être adoré que nous pleurons, » écrivait-elle plus tard à une amie frappée du même malheur. (Lettre du 14 juin 1861.)

« Mère ! » que de fois ce cri lui échappe ! Sept ans après, elle entrait, à l'anniversaire de sa naissance, dans la chambre de la morte, et, agenouillée, embrassait en sanglotant le lit où cette mère l'avait mise au monde. En face de cette douleur, on comprend qu'elle se soit écriée : « Si l'on dit *Mater dolorosa*, combien peut-on dire aussi *filia dolorosa?* »

V

Aux souffrances venant du dehors, s'ajoutait pour Mme de Chambrun le chagrin de sentir en elle toutes ses facultés rester inutiles et inactives. Elle nous en fait l'aveu dans quelques lignes tracées au crayon, à Biarritz :

« Je pleurais, dit-elle, ma jeunesse passée dans les souffrances et dans les larmes, et surtout (car la souffrance, toute vive qu'elle fût par mon tempérament sensitif, n'était rien pour moi en comparaison), dans la privation de mes facultés, de mes talents, de tout ce que la nature avait mis en moi de sentiment du beau, du vrai, du bien aussi,... j'allais dire de génie refoulé. »

Dans le Jura, la haute situation de M. de Chambrun avait fourni un aliment à l'activité de la jeune femme. Lorsque, après la démission de son mari, elle n'eut plus à satisfaire aux obligations mondaines, il se produisit chez elle un vide qui la rendit plus sensible et plus nerveuse, et la livra presque sans défense aux vives impressions de la tristesse. Un grand rôle extérieur à remplir l'eût distraite d'elle-même et de ses douleurs intimes : elle le comprit plus tard. En 1857, M. de Chambrun était rentré dans la vie politique, comme député de la Lozère, et trois ans après, il emmenait la comtesse dans ce département. Voici ce qu'à la suite de son séjour dans ce pays nouveau pour elle, elle écrivait à l'abbé Sénac :

« Père et ami, Nous voici sur les bords de la mer après notre marche, j'allais dire triomphale; disons plutôt notre touchante pérégrination à travers notre pauvre, bonne et intéressante Lozère. Si Aldebert ne m'avait pas recommandé de ne pas tourner la page (ce à quoi j'ai déjà failli, bien sûre d'ailleurs que vous iriez jusqu'au bout, quoi qu'il en dise), j'aurais la faiblesse de vous conter les détonations, les speechs, les sérénades et les aubades, les tambours battant aux champs, les arcs de verdure, les couronnes, les inscriptions, les banquets, les farandoles, les feux de joie, les cris de : *Vive M. de Chambrune! Vive Madame la Comtesse!* cris auxquels l'accent du pays donne seul leur véritable cachet, en un mot toutes les démonstrations que le dévouement et l'affection de ces braves gens ont pu imaginer pour fêter notre passage et séjour dans leur pays déshérité. Eh! bien, cher abbé, je ne le dis qu'à vous, et bien bas, bien bas : au lieu de jouir de ces choses si satisfaisantes, je me rappelais ce que vous me disiez un jour (et de votre bouche les moindres paroles ont une portée), lors de notre malheur et de ses suites fatales : que si Aldebert n'eût pas donné sa démission, nos santés n'eussent pas été ébranlées, comme elles l'ont été par mon chagrin. Et je me disais : si c'était vrai ! » (Lettre de Saint-Jean-de-Luz, du 25 septembre 1860.)

Après la guerre d'Italie, M. de Chambrun se sépara de l'Empire, et ce fut comme candidat de l'opposition qu'il se présenta aux élections de 1863. Une entorse le mit dans une situation qui, écrit la comtesse, « eût pu être fatale à tout autre ; mais il y avait pour lui dans tout le pays un fonds de sympathie tel qu'il pouvait dominer toutes les difficultés et triompher de tous les obstacles. » Il se trouva réduit à une immobilité absolue qui donna même lieu à une scène touchante dans une petite ville, « dont les braves habitants, voyant ainsi leur député pris par la patte, dételèrent les chevaux, à la barbe de l'autorité impuissante, et, en dépit de toutes nos protestations, se mirent à nous traîner triomphalement pendant six kilomètres dans une voiture lourde pour quatre chevaux et en montagne, avec les cris les plus attendrissants que ces âmes loyales vont chercher au fond de leur sympathique et reconnaissant dévouement. Ce sont de ces scènes que l'on n'oublierait pas, si elles ne se renouvelaient tellement dans leur infinie variété et leur éternelle et ingénieuse nouveauté, qu'on finit cependant par les confondre un peu dans sa mémoire, sinon dans son cœur. » (Lettre du 27 novembre 1863.)

La candidature de M. de Chambrun triompha. Elle avait trouvé le plus utile appui dans la présence de celle que les Lozériens nommaient « la bonne Comtesse ».

 Si nous faisions ici la part de nos faveurs,
  Le Comte aurait nos voix, la Comtesse nos cœurs,

disait un digne interprète du pays.

Quand les électeurs de Marvéjols célébrèrent la fête du scrutin, le député de la Lozère voulut que la compagne de ses luttes partageât avec lui les acclamations des ouvriers. C'est avec elle aussi qu'il passa sous les arcs de triomphe élevés par les paysans.

Aux élections de 1869, la lutte fut plus acharnée. Les

émeutiers suscités par le pouvoir s'étaient ralliés aux cris
de : « A bas Chambrun, à bas la calotte! Il nous faut du
sang, du sang! » La comtesse se tint vaillamment à côté
de son mari; une pierre effleura sa tête. Malgré l'hostilité du gouvernement impérial, le comte de Chambrun
triompha pour la troisième fois.

En même temps qu'elle déployait ainsi tant de courage et d'activité, Mme de Chambrun n'oubliait aucune
œuvre de bienfaisance ou de charité. Dans la Lozère elle
était la providence du pays; à Baccarat, dans ses visites
fréquentes, guidée par les sœurs de Saint-Joseph, elle
soulageait les pauvres, recueillait leurs enfants, assistait les malades et les mourants. Sa vieille nourrice
tombe malade; elle refuse de rejoindre à Paris M. de
Chambrun, et ne veut pas prendre sa part des fêtes
du monde tant que sa présence peut consoler cette
pauvre femme. Elle écrit à une amie : « Je passe ici
ma vie au chevet de ma vieille nourrice, bien, bien
malade, assistant la mort dans l'âme à ses luttes, à ses
souffrances; faut-il le dire, à son agonie; mais du moins
cherchant tous les moyens physiques et moraux, matériels
ou spirituels, d'adoucir son état, et ne voulant quitter
mon poste que lorsqu'on m'y forcera. » (Lettre de Baccarat, du 6 février 1864.)

A Paris, elle montait jusqu'au sixième étage pour y

chercher, consoler et soulager les malheureux. J'ai sous les yeux, pour l'année 1860, un règlement de vie, que son mari l'avait vivement sollicitée de s'imposer, et aussi l'emploi de chacune de ses journées. Sa vie se partage alors entre les visites des pauvres, des malades, la fréquentation assidue des églises, des chapelles. Elle affectionnait spécialement le petit sanctuaire des Barnabites, de la rue de Babylone, et la chapelle du Sacré-Cœur; elle suivait à Sainte-Geneviève les conférences du Père Gratry. C'est ainsi qu'elle se reposait du monde et de ses fêtes; pourtant elle ne les fuyait pas, mais préférait les soirées intimes aux bruyantes réunions.

Elle eut toujours un goût marqué pour le théâtre de société. Pendant son séjour de 1860 à Baccarat, on avait installé au château un théâtre qui avait son répertoire et ses acteurs; elle y jouait avec un sentiment profond, un naturel exquis, un art consommé.

Sur l'un de ses rôles, tous copiés de sa main, Mme de Chambrun a écrit au crayon ce répertoire qui ne comprenait pas moins d'une vingtaine de pièces. L'ancien théâtre est représenté par Racine avec *Esther, Athalie;* parmi les modernes, ce sont les noms de Feuillet et de Musset qui reviennent le plus souvent. La comtesse avait pour ces écrivains la plus sympathique admiration. *Sibylle* l'avait enthousiasmée au point que, sans être encore personnellement connue de l'auteur, elle lui avait demandé de tenir avec elle sur les fonts baptismaux une petite lorraine à laquelle elle désirait donner le nom de Sibylle.

« Vous souvient-il encore, Monsieur, lui écrivait-elle un jour, d'une adoratrice de Sibylle, qui vous demanda dans une heure d'indiscret enthousiasme, de vouloir bien la donner pour patronne à l'une de ses nombreuses enfants spirituelles ? Permettez à cette fidèle de venir aujourd'hui vous rappeler, non point son nom à elle (peu importe le sien), mais celui de la petite âme qui a reçu à son baptême les deux noms que reçut l'immortelle Jehanne dans la nuit de Noël, à la paroisse de Domrémy. C'est une simple paysanne lorraine comme elle, et comme en les choses de Dieu le rang ne fait rien à l'affaire, je ne crains point de vous envoyer l'épitre tout à fait rustique et plus que naïve de cette petite Christine Oyadek. Chaque année j'en recevais une ainsi, en quelque sorte à notre double adresse. Elle était, parmi les simples et les humbles, une des plus humbles et des plus simples, et je n'avais pas osé vous l'envoyer. J'avais tort. Je vous sais l'âme trop haute pour dédaigner les petits, qui, selon l'Évangile, sont ceux de Dieu, et je répare ma faute en vous remettant en toute simplicité les vœux, non *symboliques*, mais si sincères et honnêtes de la petite paysanne lorraine. Elle ne marchera jamais sans doute sur les traces de ses deux idéales patronnes. Les temps héroïques de l'une sont passés, hélas ! et l'heure intellectuelle de l'autre ne sonnera jamais pour elle. Mais elle sera une bonne chrétienne, accomplira son devoir dans son humble voie, souffrira avec patience, et grossira un jour la troupe des élus pour chanter les louanges éternelles. N'est-ce pas là tout ce que nous nous proposions en la présentant à Dieu le jour de son baptême ? Les Jeannes sont uniques, les Sibylles sont rares, et s'il en est une égarée quelque part, c'est bien d'elle que l'on peut dire : « Le monde la posséda sans la connaître. » Et sur la vôtre que j'ai connue et aimée, plainte et admirée, j'ajoute : « Et je reste ici-bas pour la pleurer. »

A ce maître aimé, elle dédie un proverbe écrit pour le théâtre de Baccarat : *Il ne faut pas courir deux lièvres à la fois;* c'était le réveil du poète après les longs jours de deuil.

C'est aussi durant cette période de sa vie que Mme de Chambrun atteignit à ces hauts sommets de la contemplation artistique dont elle ne devait plus descendre. Son voyage de Rome de 1854, de nouvelles excursions en Italie en 1858, en 1862, lui firent connaître les merveilles de cette terre privilégiée. Elle reçut alors des conversations et des enthousiasmes raisonnés de son mari la suprême initiation. Elle admirait avec lui tous les chefs-d'œuvre, et il commentait éloquemment leur commune admiration.

Alors aussi elle vit Venise qui lui fit une si forte impression et lui inspira l'une de ses poésies. En 1858, elle fut admise, par une faveur spéciale, à voir à Florence, avec M. de Chambrun, la *Madone du Grand Duc* qui se trouvait alors dans les chambres de la grande Duchesse. M. de Chambrun fut si vivement ému à la vue de cette Madone, la plus vierge et la plus mère des madones de Raphaël, qu'il ne put l'admirer qu'à travers ses larmes. Comme dans la *Cène* du Vinci, il retrouvait palpitante en cette figure l'âme de ses actions et de ses pensées, le don de soi. Et de son côté Mme de Chambrun écrivait sur son carnet de voyage : « Lundi, 27 septembre, *Madonna del G. Duca.* — A genoux ! » C'est en pensant à cette Madone que plus tard elle écrivit les beaux vers adressés à son mari, à celui qu'elle aimait à nommer « son frère d'âme » : « Ainsi que Béatrix... »

Béatrix ! tel était aussi le nom dont la saluait celui dont elle était la « Muse », la vivante inspiration. Il lui attribuait le « souffle » qui animait son œuvre. « Oui, chère Jeanne, lui écrivait-il, il y a en vous le souffle, l'idéal, l'étincelle, et, sans vous, je le sais, je le sens, mes plus grandes et vives facultés hésiteraient devant les difficultés de la vie ; incertaines, désireuses du repos, elles s'affaisseraient. Vous ne le permettez pas. Je vous aime, vous en honore et bénis. » (Lettre du jeudi saint, 1868.)

Cependant le comte de Chambrun, pour approfondir les problèmes de l'histoire et de la civilisation, pour fondre ses idées en une puissante synthèse, s'isolait trop souvent, au gré de la comtesse. Comme tous les penseurs, il aimait la solitude. La comtesse voyait une « rivale » dans cette austère compagne et s'en plaignait quelquefois en souriant: ce qui lui valait des lettres comme celle-ci :

« Mardi soir, 21 novembre 64.

« Qu'est-ce donc qu'elle m'a dit, votre rivale, non point votre rivale, mais votre amie et sœur aînée? Tout enfant déjà, et à Herse, je l'affectionnais. Que de longues heures avec elle en automne, à voir passer sous le pont de pierre les feuilles vertes des arbres entraînées au courant! Que d'heures à me promener sur ces longues dalles surélevées que je vous ai montrées !

« Elle m'a dit beaucoup. J'ai repassé ainsi mes idées et je les ai affermies, mises en pleine lumière: ma vie, ses joies et ses peines, l'avenir envisagé avec résolution et sérénité grave, comme il convient, arrivé sur ces plateaux élevés de la vie d'où le regard embrasse toutes choses, y compris le déclin. Elle m'a parlé de sa sœur, de vous :
« Oui, tu la dois aimer et bénir de ce qu'elle a fait pour
« toi. Il faut bien distinguer deux parts : l'une est la

« grâce de la femme, de l'amour, de la vertu. En cette
« union de deux âmes qu'a voulue Dieu, elle se trouve ou
« doit se trouver toujours. Mais l'autre est unique, elle
« est de ta Jeanne. Bénis-la, c'est l'âme élevée qui
« élève...»

C'est ainsi que dans ses explorations à travers le monde des idées et des systèmes philosophiques, le penseur gardait présente à l'esprit l'image aimée de celle qu'il se plaisait alors à nommer sa Béatrix et dont il disait : « Béatrix, à l'âme élevée qui élève,... m'y a conduit. »

VI

La guerre de 1870 fournit à la comtesse une nouvelle occasion de montrer son patriotisme et sa charité. Dès les premiers jours, Mme de Chambrun eut comme le pressentiment des désastres qui suivirent, et lorsqu'à l'Opéra la *Marseillaise* fut entonnée et que toute l'assistance, debout avec le souverain, la répéta d'une voix, seule la comtesse Jeanne demeura assise, étouffant ses pleurs. Si elle ne l'espérait pas, elle n'en souhaitait pas moins ardemment la victoire de la France : elle eût voulu y contribuer : elle s'employa du moins à adoucir les maux de la guerre.

Elle écrivait à la comtesse de Flavigny, présidente des Dames de la Croix-Rouge :

« Villers-sur-Mer (Calvados), ce 27 août 70.

« Madame et amie,

« Permettez-moi de vous donner ce nom ; car c'est en faisant appel à votre haute amitié que je viens, en effet, aujourd'hui vous demander un service pressant, suprême, qui, en me permettant d'être utile dans la mesure de mes forces à nos pauvres soldats, me donne le droit de rentrer à Paris à l'heure même où l'on en ferait sortir les *bouches inutiles*. J'ai la triste faculté de me passer de sommeil et de nourriture, et s'il est, hélas! bien des soins que je ne saurais rendre à nos héros martyrs, il en est d'autres dont je pourrais m'acquitter, comme de les veiller des nuits entières sans fléchir, et de permettre ainsi un peu de repos aux sœurs et aux médecins que j'avertirais aux moments voulus. Je viens donc me mettre à votre disposition pour remplir autant qu'il serait en mon pouvoir (pouvoir, hélas! bien borné), auprès de nos héroïques victimes, les fonctions de sœur de charité. J'ai une triste habitude (à laquelle je ne m'habitue guère d'ailleurs) des malades et des mourants auxquels je consacre une partie de mes hivers à Baccarat où nous en avons tant. C'est donc bien le moment d'utiliser ma pauvre expérience, et je la mets au service de votre œuvre de miséricorde, vous demandant d'en faire l'usage que vous jugerez à propos, à vous qui êtes la grande providence de nos immenses douleurs. »

En sa qualité de député, M. de Chambrun était resté à Paris, à son « poste de combat ». La comtesse croyait qu'il lui permettrait de rentrer dans la capitale, de se dévouer à nos soldats et de partager ses périls. Mais le 1ᵉʳ septembre elle dut écrire à Mme Thiers : « J'espérais d'un jour à l'autre être autorisée par M. de Chambrun à rentrer à Paris, mais dans sa lettre de ce matin encore il est impitoyable et m'impose comme un devoir de rester là où sa sollicitude m'a placée. »

Le 4 septembre, la révolution éclatait. Au milieu de ces événements Mme de Chambrun est toujours préoccupée des victimes de la guerre. Elle écrit à Mme de Witt.

« Villers, ce 14 septembre.

« Je viens, Madame, au nom de cette œuvre de réparation dont vous vous occupez avec tant de dévouement, vous demander si vous pourriez envoyer à Mme Pàris, pour les mains dévouées et inoccupées de Villers, un peu du trop plein de linge dont votre salon était si riche l'autre jour! Si vous en aviez un peu pour alimenter le travail des dames de Villers, et que vous n'ayez pas d'occasion immédiate pour le leur envoyer, M. de Chambrun, qui compte aller saluer M. Guizot au Val-Richer, un de ces jours prochains, s'en chargerait avec empressement. La chambre envahie et dissoute, et tout conseil refusé, il m'est revenu l'autre jour navré de douleur, pleurant la patrie humiliée, et ne rêvant que les remparts. Je le retiens pourtant, ne pensant pas que ce soit là sa place. Que d'émotions et que d'angoisses! Et comme on aurait besoin d'écouter la grande voix de votre père! Que soit avec nous et la France Dieu! » Dans l'un de ses opuscules, M. de Chambrun a éloquemment retracé la scène qui se passa peu de jours après au Val-Richer, et où l'illustre octogénaire lui déclara que sa place était en Lozère dans les luttes électorales qui se préparaient.

Devant l'invasion qui approche, M. de Chambrun conduit sa femme à Pau. De là, elle écrit, le 13 novembre, à un ami de la maison, cette lettre virile qui montre bien, avec son amour pour la France, l'élévation de ses pensées :

« Hélas! Monsieur, nous n'avons pas une confiance plus grande que la vôtre dans ce que l'avenir nous réserve, (l'avenir proche du moins), ni dans les héroïques efforts de l'élan patriotique qui sauvera l'honneur, mais qui ne sauvera que cela. Hors de là, nous sommes et nous serons vaincus, et ce qu'il y a de plus triste, c'est que nous le méritons. C'est un immense châtiment que subit la France (prévu d'ailleurs dès le jour de la déclaration de la guerre) et que les innocents souffrent pour les coupables. Il finira sans doute par la reddition de Paris; après quoi l'Europe, un peu tard, se prendra de pitié ou de peur et nous fera faire une paix, sinon absolument honorable, mais qui sauvegardera du moins notre territoire. Car si nous allons de chute en chute et de capitulation en capitulation, il faut bien reconnaître pourtant qu'elles sont de moins en moins honteuses. Après Sedan, l'inouïe, l'unique, et dont la postérité la plus reculée parlera comme nous parlons de la guerre de Troie ou plutôt des batailles de Cannes et d'Arbelles, Metz, ayant tenu trois mois, était un peu moins humiliant; et Paris, par sa lutte énergique, quelle que soit l'issue de sa résistance, sera plus sauf encore dans son honneur. A mesure que nous nous éloignons de la cause corruptrice, désorganisatrice et démoralisante, nous nous relevons un peu, en reprenant de l'initiative et de la dignité, en redevenant nous-mêmes.

« M. de Chambrun considère ceci comme un état de crise et de transition d'où la France régénérée sortira

« plus brillante et plus belle », mais au prix de quelles épreuves? et de combien de temps? »

Puis, après avoir exprimé l'espoir que le chef de la maison de France serait ramené sur le trône par la force même de la réaction contre le flot révolutionnaire, elle ajoutait : « M. de Chambrun pense que le temps est venu pour lui, pour nous, — ce qui est plus difficile puisque c'est en son nom que nous souffrions et protestions, — de pardonner, d'oublier les fautes et les crimes des générations précédentes, et d'appuyer ce vieux tronc sur de jeunes pousses vivaces qui répondraient au sentiment français moderne, sans lequel nous verrions revenir nos princes pour les voir disparaître encore au bout de peu d'années. Venez causer de tout cela avec nous, Monsieur et ami, car on ne peut parler d'autre chose, et l'on a besoin d'échanger ses plaintes et ses espérances. »

A la nouvelle de la victoire de Coulmiers, elle écrivit aussitôt à Mme la marquise de Talhouët :

« Chère Madame,

« Nous apprenons, en même temps que la triomphante journée d'Orléans, la blessure de votre gendre! Et nous tenons à vous dire de suite notre sympathie, notre admiration et nos vœux bien ardents pour le jeune héros de cette *première* victoire! Toute la veille nous pensions bien à vous, à vos inquiétudes; car M. de Talhouë, en écrivant à M. de Chambrun, lui disait qu'un combat était imminent et que son gendre y serait engagé. L'événement n'a que trop justifié nos craintes. Mais nous voulons espérer que la blessure est légère et qu'il ne lui en restera que la gloire.

« Honneur soit aux défenseurs de notre pauvre pays, et que soit avec eux et la France Dieu, le Dieu de sainte Geneviève, de Jeanne d'Arc et de saint Louis. »

A la suite des combats de la Loire, des prisonniers bavarois blessés furent transportés à Pau.

« Une fois blessés, écrivait la comtesse, ce ne sont plus des ennemis. A mes yeux d'ailleurs ce sont des martyrs comme les nôtres, car je leur rends le même hommage, faisant pour eux, hélas! ce que je voudrais que l'on fît aux nôtres en Allemagne! Mon cœur défaille à la pensée de l'horrible boucherie qui se passe peut-être sur la Loire à l'heure où je vous parle. Et quand on sort d'une ambulance, on ne peut en soutenir la pensée. » (Lettre du 23 novembre 1870.)

L'ambulance était établie chez les Petites Sœurs des Pauvres, et Mme de Chambrun se multiplia au chevet des malades et des blessés. La variole même, qui se déclara parmi eux, ne put la décider à rester un seul jour sans venir les visiter. La supérieure des Petites Sœurs des Pauvres succomba : malgré les instances de son mari, la comtesse demeura à son poste. Et cependant elle redoutait la maladie. Elle écrivait en 1873 : « Je sais braver la mort sous les obus, aux ambulances, dans une émeute, mais je suis lâche envers la mort lente, à froid, sans dévouement ni héroïsme. » Mais, comme elle le disait longtemps après, le courage lui paraissait « naturel, sinon facile, alors qu'elle était portée par le douloureux enthousiasme de la guerre ».

Dans cette ambulance, au milieu de l'épidémie, Mme de Chambrun rencontra une vaillante jeune fille d'origine germanique, Mlle P... qui, sans souci de sa vie et de sa beauté, soignait ses compatriotes blessés. Pleine d'admiration pour tant de grâce et tant d'héroïsme, la comtesse lui offrit un collier d'opales et de diamants qui lui venait de sa mère : « Ne pouvant la décorer, disait-elle, je lui ai donné ce que j'avais de plus beau. » Elle fit plus, elle se l'attacha tout à fait, et Mlle P... est demeurée sa compagne jusqu'à la fin.

Cependant le spectacle de tant de désastres nationaux et de tant de malheurs privés inspirait à la comtesse ces nobles sentiments dont elle faisait part à une personne amie :

« Montilleul, 1ᵉʳ janvier 1871.

« Tous les jours une année finit, tous les jours une année commence. Cependant il est des jours consacrés où le poids de la vie semble plus lourd à porter. *Quis mihi det ut moriar?* disait Saint Paul aspirant à cette autre vie qui apparaît aux trappistes à l'heure de la mort, à ceux qui ont cette bienheureuse foi qui nous manque un peu, cette aspiration à la délivrance, que M. de Chambrun possède à tel point que son refrain habituel pendant notre lune de miel était cette parole du grand chrétien : *Quis mihi det ut moriar?* Refrain sublime sans doute, et consolant, puisque enfin on n'est que trop sûr d'être exaucé, mais qui n'était pas très gai pour une jeune mariée. C'est qu'il était dès lors et toujours de ces croyants dont vous me parliez l'autre jour avec une admiration mêlée d'envie, et de sourire, de ces voyants pour qui la lumière de Dieu et de l'éternité est aussi visible que celle du soleil et du jour en plein midi. Dans les mille et un dangers qu'il a courus pendant sa vie, il était toujours prêt à partir pour le second monde, comme il dit, à franchir avec calme ce passage un peu difficile assurément, mais qui n'est que l'enfantement à une vie nouvelle et meilleure, qui s'appelle mort de ce côté de la rive, et de l'autre, naissance.

« Je souhaiterais cette vision à tous les héros qui donnent si généreusement leur vie, à l'heure qu'il est, pour leur patrie et leur devoir. Leur héroïsme n'en serait pas plus grand ni plus méritant, mais il serait plus facile et plus consolé. C'est d'ailleurs plus facile qu'on ne pense. Aldebert me le dit quelquefois pour me rassurer par les petits côtés après s'être efforcé de me rassurer par les grands, et j'ai pu m'en convaincre tous ces temps-ci, où plusieurs de ces pauvres martyrs m'ont passé par les mains, rendant leur âme à Dieu au milieu des plus cruelles souffrances et de l'abandon le plus navrant, avec une résignation et une simplicité touchantes, j'allais dire sublimes. Mais à mon tour de vous demander pardon de ce lugubre compliment de bonne année, qui n'est que trop en harmonie, hélas! avec les circonstances. Oui, hélas! je crains bien, malgré ses héroïques efforts, que nous n'ayons plus qu'à enterrer notre pauvre vieille France. Elle est atteinte par trop de côtés à la fois et c'est plus triste pour elle que pour nous, puisqu'elle n'a pas d'autre vie, pas de résurrection à espérer. Quant à nous, croyons-en ce dicton vulgaire qui a certainement sa raison d'être dans le fond de nos âmes : « Nous nous retrouverons dans un monde meilleur. »

Pendant la Commune, Mme de Chambrun soigna à Versailles les blessés de la guerre civile, comme elle avait soigné ceux de la guerre étrangère. En témoignage de son admiration et de sa reconnaissance, la Société de secours aux blessés lui accorda une médaille d'honneur « en souvenir de son dévouement pour les blessés pendant la guerre 1870-1871 ».

La comtesse mit enfin le dernier trait à son œuvre patriotique en s'associant à la généreuse pensée de son compatriote de Lorraine, le comte d'Haussonville. Elle s'inscrivit comme une des bienfaitrices de l'asile du Vésinet, destiné à recueillir les enfants de l'Alsace-Lorraine chassés de leur pays par l'invasion allemande.

VII

Durant les premières années qui suivirent la guerre, Mme de Chambrun s'adonna avec ardeur aux choses de la politique. En février 1871, le département de la Lozère ayant envoyé M. de Chambrun siéger sur les bancs de l'Assemblée nationale, sa femme l'avait rejoint à Versailles. Désireuse de partager en tout les préoccupations de son mari, elle travaillait avec enthousiasme au relèvement de la France, à la restauration de la monarchie. Son zèle avait même quelquefois besoin de frein, et M. de Chambrun dut un jour lui dire : « N'écrivez pas sans me les montrer de lettres politiques. Elles pourraient arriver tout à fait à contre-temps. » (Lettre du 19 juillet 1871.)

Vers la fin de l'année 1872, M. Godard-Desmarest, vivement éprouvé par les émotions de la guerre, voyait la vie l'abandonner lentement. M. de Chambrun était alors en convalescence à Spa d'où il écrivait à sa femme :

« Spa, 18 septembre 1872.

« Je voudrais être avec vous dans toutes ces épreuves et angoisses, mon amie, mais c'est pour vous aussi que je suis ici. Sinon, je laisserais aller les destins et se rétrécir autour de moi les cercles de la vie. Me retrouvant ici après trois années et après cette guerre impie, après tous les sacrilèges qui l'ont suivie et la suivent, je puis mesurer dans l'intervalle combien est étroit le terrain qui me reste, combien resserré. A cause de vous donc je suis ici pour le maintenir et peut-être l'élargir un peu. Je suis triste à cause de Baccarat, et aussi parce que j'ai voulu mettre à profit cette retraite pour ranger grand nombre de papiers : il y a là bien des cendres ou chaudes ou refroidies, les cendres de nos pensées et de nos cœurs, d'où quelque flamme impérissable, immortelle, s'élance toujours vers le ciel. J'ai dit *nos*. C'est une grande douceur, une consolation suprême que cette union, cette indivisibilité, non-seulement de nos lettres, presque toutes à conserver des deux côtés, mais encore de mes travaux, d'immenses travaux presque oubliés, emportés du temps, pas tout entiers; quelques-uns trouveront place dans la 4ᵉ édition des *Fragments* écrite en entier de la main de Jeanne. Je dirais presque de la pauvre Jeanne, tant il y en a de techniques, incompréhensibles pour elle, mais sous son bandeau elle voit et comprend tout, notamment ce gros portefeuille sur la décentralisation en 1860, à Baccarat. C'était aux jours heureux ou envolés. Aujourd'hui la mort toujours cruelle, dure, la visite. Je voudrais être là. Embrassez au front votre père, comme je l'ai fait deux fois au départ, à l'adieu; et sentez-moi toujours autour de vous pour vous soutenir, protéger, aimer, de forces atteintes et défaillantes, mais d'une âme plus haute, plus sereine, et plus à vous. »

M. de Chambrun eut l'intime satisfaction de se trouver auprès de sa femme au moment où M. Godard-Desmarest rendit le dernier soupir. Afin de prévenir l'ébranlement physique et moral qu'il pensait bien que ce deuil produirait dans son âme, il s'appliqua à lui tracer un règlement. Il voulait, pour la rendre plus reposée, canaliser cette activité si ardente au bien qu'elle en devenait parfois inquiète. La régularité des habitudes était plus nécessaire encore au moment où l'immense fortune paternelle léguée à Mme de Chambrun allait transformer sa vie. Le règlement que rédigea M. de Chambrun prévoyait tout et ne laissait pas une heure inoccupée. La piété, la charité y trouvaient leur place comme la surveillance domestique ; les préoccupations de l'art y recevaient satisfaction aussi bien que les exigences mondaines. Mais il faut reconnaître que les ailes de la Muse l'emportèrent bien souvent, peut-être, hors de la lettre de cette règle que dictait une tendresse aussi énergique que prévoyante.

De cette époque datent les relations de la comtesse avec MM. Ambroise Thomas et Gounod. Depuis longtemps déjà, elle était liée avec M. Nadaud qui lui dédia plusieurs de ses œuvres. En 1874, elle écrivit sur la mélodie des *Érinnyes* une *Invocation* d'un si beau mouvement que M. Massenet regrettait vivement de s'être lié avec un autre poète.

Lorsque après leur deuil M. et Mme de Chambrun eurent ouvert leurs salons, la haute société parisienne y put entendre les plus grands artistes : Mmes Viardot, Miolan-Carvalho, Patti, Nilsson, Krauss. Ceux qui les écoutent s'appellent Berryer, le fidèle ami de M. Godard-Desmarest, le duc de Broglie, le comte d'Haussonville, Émile Ollivier, ancien condisciple du comte à l'École de droit, de Viel-Castel, Caro, Mézières : voilà pour les écrivains. Puis il y a le coin des peintres : MM. Dubufe, Hébert, demeurés fidèles à leur idéal modèle ; Mlle Nélie Jacquemart, chargée de faire le portrait du comte de Chambrun, et assez habile pour reproduire sur sa toile « le demi-sourire du philosophe », dont la pensée devait bientôt jaillir du marbre sous le ciseau inspiré de M. Eug. Guillaume.

Les princes de la maison de France eux-mêmes sont plus d'une fois les hôtes du comte et de la comtesse de Chambrun.

Jamais d'ailleurs la comtesse ne cessa d'unir dans son amour et dans son respect les deux branches de la maison de Bourbon. Elle en témoigne d'une manière touchante dans une lettre écrite de Biarritz à une amie des Princes. Elle y rappelle le souvenir des heures passées à Cauterets dans la pieuse famille du duc de Nemours. Ces heures, dit-elle, ont « retrempé » et fortifié son âme. « Répétez-le à nos chers Princes, et combien de vœux et de bénédictions s'échappent de nos âmes pour eux, c'est-à-dire pour notre cher pays, car c'est tout un. J'ai pensé à eux devant Dieu à Betharam, pèlerinage connu et aimé de nos rois, et consacré par des siècles de fidélité et d'honneur. J'y ai salué la robe de noces de Mme la comtesse de Chambord, et baisé pieusement une vraie relique : le voile de mariage de Marie-Antoinette. »

L'amitié des princes ne portait pas tort dans son cœur

à l'affection qu'elle avait vouée aux plus humbles. Elle pleure sur la mort d' « une vieille bonne de Moncade ; une de ces natures d'élite, écrit-elle, comme ma nourrice, qui nous avait vues naître, ma mère et moi, et qui était pour moi comme un réceptacle vivant de tous les souvenirs sacrés de la *casa* ». (Lettre de Pornic, 1873.)

Elle eut aussi à pleurer sur la tombe de celui qu'elle nommait « le Père et ami ». L'abbé Augustin Sénac mourut en 1873. Peu de temps auparavant la comtesse lui écrivait : « Au milieu de toutes nos épreuves, vous êtes toujours là, sous nos yeux et entre nos deux âmes que vous avez unies, et chaque soir, dans cette prière commune que vous aviez recommandée à Aldebert et à laquelle il n'a jamais failli, depuis vingt ans que vous nous avez bénis, votre pensée est là, entre nous, devant le Christ du 11 août semblable au vôtre. » (Lettre de juin, 1873.)

L'année précédente, M. de Chambrun avait perdu également un de ses meilleurs amis, son camarade de collège, M. Augustin Cochin, élève comme lui de l'abbé Sénac. « Votre bien-aimé mari emporte avec lui la moitié de la vie du mien, écrivait à sa veuve Mme de Chambrun. Ils se connaissaient l'un l'autre à fond, ils avaient ces souvenirs irremplaçables de l'enfance, de la jeunesse, de leurs deux jeunesses pareilles et exceptionnellement belles, pures, vaillantes, austères et travailleuses, uniquement dévouées à ce qui était grand, beau, vrai, évangélique. Nous sommes profondément malheureux! Que dire de vous, ma pauvre amie! les larmes tombent de mes yeux en vous écrivant, comme elles ont coulé depuis quelques jours : sur *lui?* Non : sur vous, sur nous. Du moins, vous avez Dieu d'abord, qu'il vous a laissé plus présent et plus proche qu'à personne, puis votre mère, et vos enfants! Voyez, amie, si un pareil malheur m'était réservé, — et lui m'y prépare tous les jours, — combien je serais plus à plaindre! Je n'ai que lui au monde! et je vis dans la mort, dans la pensée continuelle de cette séparation qu'il croit prochaine. Il se sent frappé. L'autre nuit il a vu son ami, qui s'est approché de son lit, vêtu de blanc, venant du ciel, lui disant des choses d'en haut, des choses douces d'ailleurs, et qui l'appelait, qui lui faisait signe et le convoquait pour une date prochaine... Il me fit ce récit avant notre prière du soir, et ce soir-là notre prière ne fut qu'un sanglot. Qu'il m'appelle avant, mon Dieu! C'est que je ne suis pas digne comme eux deux!

« Vos enfants!.. quelle consolation et quel devoir! Pauvres chers enfants! J'étais si troublée au douloureux hommage de Saint-Thomas d'Aquin que j'ai passé près d'eux sans les voir; j'ai parlé à vos parents, et on m'a dit après qu'ils étaient auprès d'eux. J'avais vu Denis le dimanche d'avant : il y avait tout un rayon

d'espoir ce jour-là dans sa physionomie souriante!
Pauvre sourire pour longtemps perdu! Mais celui si
doux, si serein, presque céleste de son père s'y reflètera
d'en haut! La dernière fois que je le vis, ce mélancolique
sourire, ce fut aux funérailles du Père Gratry. « Nous
devions nous rencontrer ici, » me dit-il. Il fit sa lettre à
M. Naville, et il alla « le retrouver ». Qui eût pensé
qu'il montrerait le chemin à celui qui l'enfanta au chris-
tianisme, qui, au dernier moment, l'appelait encore son
« enfant spirituel ». Pauvre abbé! tandis qu'il nous mariait,
notre ami était notre témoin! Ah! tout ce qu'il emporte!
C'était lui peut-être qui connaissait le mieux Aldebert qui
se livre si peu! Mais je parle de nous, de notre chagrin,
devant vous, pauvre femme! pardon! mes yeux se fon-
dent comme mon cœur. Dieu vous donne cette paix qu'un
jour vous me disiez ne vous quitter jamais. Vous ne con-
naissiez pas le malheur alors, car jusqu'à ce jour vous
n'aviez rien perdu. Et comme Mme L... pour qui vous
avez été si secourable et bonne, vous êtes tombée du som-
met au fond de l'abîme. Mais cette âme angélique qui
veille sur vous, vous gardera la paix de Dieu que je
demande ardemment pour lui, pour vous, pour les vôtres,
pour nous tous, par l'intercession même de ceux que nous
pleurons, comme naguère au Sacré-Cœur, par celle du Père
Ollivaint, nous priions pour le malade aujourd'hui délivré. »

En 1876, le comte de Chambrun, élu sénateur de la Lozère, présenta à son département comme candidat à la députation le jeune frère qu'il aimait d'une tendresse paternelle et fraternelle à la fois. Retenu à Mende par des occupations multiples, il chargea la comtesse Jeanne d'accompagner le vicomte Emmanuel de Chambrun dans sa tournée électorale. Sous la neige, sur la glace, elle prit avec son beau-frère les rudes chemins de la montagne, et le candidat de la « bonne comtesse » devint le député des Lozériens.

Peu de temps après, le nouveau sénateur vint prendre part à la discussion de la loi sur l'enseignement. Une crise douloureuse étant survenue pendant l'une des séances, il la brava pour demeurer au poste de combat. La comtesse le félicita d'être resté fidèle au devoir, jusqu'au bout ; il lui répondit :

« Paris, 22 juillet 1876.

« Chère bien-aimée, votre dépêche est mon prix le meilleur. J'y trouve et reconnais cette âme vaillante, ce grand cœur. » En deux mots, il lui rapporte ce dialogue que dans la journée il échangeait à Versailles avec le grand évêque d'Orléans : « Si je reste encore une demi-heure, « je tomberai dans vos bras. » — « Ils vous sont très grands

« ouverts. Nous vous porterons en triomphe. » — « Je ne le
« saurai plus. » Et, en effet, après conseil de Kolb-Bernard
et de l'évêque, jugeant qu'il n'y aurait plus de troisième
scrutin, je suis parti, et après un dur voyage, tombé en
mon grabat, je suis heureux. »

Le 11 août 1878, les deux époux célébrèrent leurs noces
d'argent sur les bords du Léman. Jamais leurs âmes
n'avaient « charrié si uniement ensemble », suivant la
belle expression de Montaigne. En face des cimes neigeuses des Alpes, des vallées vertes, des eaux bleues, ils
sentaient leurs cœurs merveilleusement unis dans les plus
hautes aspirations. Ils jouissaient paisiblement de cette
union, et la comtesse l'exprimait en ces termes :

« Nous sommes, vous et nous, je le crois, écrivait-elle à
des amis, de ces ménages comme ils devraient être tous,
mais bien exceptionnels, hélas! qui mériteraient le sort de
Philémon et Baucis, qui l'auront, en effet, non point à la
façon de Jupiter, mais à la façon chrétienne et pour un
rajeunissement éternel et céleste. » (Lettre de Dinard, du
10 avril.)

Déjà, seize ans plus tôt, elle avait pu dire, en commentant
une éloquente parole de Lacordaire :

« J'ai vu périr peut-être dans mon cœur l'immatérielle
beauté de plus d'une âme aimée; mais du moins celle
de l'âme aimée entre toutes, je l'ai vue grandir et s'illu-

miner chaque jour, et c'est ainsi que notre union, fondée sur l'union des âmes, ne peut défaillir. Supérieure au temps, elle habite le lieu éternel des esprits », ajoutait-elle avec l'orateur sacré. (Lettre de 1862.)

VIII

Dès 1875, M. et Mme de Chambrun avaient pris l'habitude d'aller passer une partie de l'hiver à Nice dont le climat était plus favorable à leur santé. M. de Chambrun se rendit acquéreur de trois domaines contigus adossés aux derniers contre-forts des Alpes. Il ne conserva que la principale habitation, une villa italienne située sur une haute terrasse d'où l'on aperçoit au loin la nappe bleue de la Méditerranée. Il rasa toutes les autres constructions, distribua en cascades et en lacs les eaux vives qui formaient un ruisseau naturel devant la villa, régularisa les pentes, tout en respectant la configuration générale du sol, traça des allées, sema, planta, bâtit à l'entrée du parc de superbes écuries, de vastes communs, et parvint ainsi à se faire des jardins d'une magnificence royale.

C'est au milieu de ces jardins que sa pensée de philosophe voulut élever un temple à la Raison et à la Beauté.

Au sommet de trois terrasses, au haut d'un large escalier de granit de soixante-dix-sept marches, se dresse un édifice circulaire en marbre blanc, composé d'un simple soubassement et de douze colonnes corinthiennes qui supportent un entablement, où des guirlandes de fleurs courent en légères sculptures. La toiture à peine cintrée est surmontée d'un superbe trépied de bronze. Les éléments de cette composition architecturale sont empruntés en partie aux temples de Vesta de Rome et de Tivoli, en partie au monument choragique de Lysicrate, à Athènes. Au fronton du temple sont écrits les mots ΛΟΓΟΣ, ΚΟΣΜΟΣ, ou : Verbum, Mundus. Tout dans la disposition et les proportions de cet édifice possède une signification symbolique aux yeux de celui qui l'a conçu. Le visiteur non prévenu ne s'en aperçoit pas dès l'abord; mais il lui est impossible, pour peu qu'il ait l'âme sensible à la beauté de l'art antique, de n'être pas frappé de la pureté des lignes, de l'harmonie merveilleuse des contours. Les douze colonnes surtout ont une telle grâce, une telle souplesse à la fois et une telle élégance dans la courbe légère qui les renfle et les fait vivantes, qu'elles semblent édifiées par un émule d'Ictinus. Nulle part ailleurs, peut-être, il n'existe une aussi admirable imitation des œuvres antiques.

M. et Mme de Chambrun, faisant allusion à la modestie relative de la villa dont se contentait la simplicité de leurs goûts, aimaient à se dire les concierges de leur temple, les gardiens du seuil sacré. Au pied de la terrasse que couronne cet édifice, Mgr Dupanloup venait chaque jour lire son bréviaire et méditer, pendant le séjour qu'il fit la dernière année de sa vie à la villa Chambrun ; et c'est là que furent composées, en grande partie, ses *Lettres sur Voltaire*.

La comtesse fut de moitié dans les travaux et les pensées qui aboutirent à la plantation des jardins et à l'édification du Temple, et son mari témoignait délicatement de la part qui lui revenait dans ces conceptions. Un jour, du haut du stylobate, il posa sur son front une couronne de fleurs : il saluait ainsi en elle la prêtresse de l'Idéal, la vestale du temple de l'Art.

Et cependant ce climat enchanteur, ce doux ciel, cette mer bleue, cette lumière si pure, loin d'apporter à son âme le calme et la sérénité, ne faisaient, par le contraste, qu'exaspérer ses souffrances intérieures. « Ce pays, disait-elle, a un défaut, c'est qu'il faudrait y être parfaitement heureux et bien portant, rayonnant, pour y être à l'unisson de l'éternel soleil et de l'éternelle joie de la nature en fête. » (Lettre du 28 mars 1873.)

Plus tard elle écrivait encore : « C'était une de ces journées dont la splendeur nous écrase comme une symphonie de Beethoven ou une tragédie de Shakspeare. Ah!

que les forces de la vie sont courtes en proportion des facultés virtuelles et des enthousiasmes, des sympathies, des élans, des aspirations que nous sentons en nous et que nous voudrions faire partager aux âmes unies. C'est cette disproportion qui fait les révoltés. J'en fais partie, hélas ! » (Lettre de 1885.)

Et même au sein des nuits calmes, devant l'éclat de la lune et l'azur du ciel, près des colonnes blanches du temple, elle disait : « C'est trop beau ! cela fait mal. »

Elle semblait moins souffrir lorsqu'elle admirait ce spectacle à travers un voile sombre. « Je viens de faire comme chaque soir de lune, écrit-elle un jour, mes dévotions au temple de Diane, de l'Idéal, du Beau, du Vrai, du Bien. Hier il était plus beau encore, se détachant en lumière d'apothéose sur un fond de ciel orageux et sinistre. »

Jeune fille, elle avait chanté ses belles Pyrénées. Femme, elle ne célébrera dans ses vers ni les cimes alpestres, ni la Méditerranée, ni même ses terrasses, ses jardins. Une seule fleur lui inspire un chant, c'est la Passiflore, la fleur de la Passion, où elle découvre l'emblème de sa vie et de toute vie.

La campagne de Nice ne lui a donné qu'un tableau, un *Quadro* italien, *Cimiez*. La nature lui apparaît, à travers l'arcade d'un cloître, dans la tristesse du crépuscule, et à l'ombre d'un cimetière.

Cette tristesse, ces énervements du corps, ces accablements de l'âme, qui l'avaient torturée dans sa jeunesse après la mort de sa sœur, et depuis son mariage après la mort de sa mère, toutes ces douleurs que la vigilance attentive et régulatrice, le caractère ferme de l'époux et les occupations d'une vie active avaient seuls pu vaincre, reparaissaient donc, et cette fois pour ne plus se dissiper. Sa vie avait besoin d'un but, d'une force et d'un appui extérieurs ; les hautes fonctions de son mari lui avaient jusque-là fourni le but : « La force, l'appui, je les trouve en son âme, disait-elle, mais quand je le vois défaillir et souffrir, oh! alors je tombe tout à fait. »

Or, en 1880, la vue de M. de Chambrun s'affaiblit de telle façon qu'il doit interdire tout travail à ses yeux. En même temps la mort lui enlève le frère qu'il aimait tant. Il se retire alors de la vie publique. Au moment où la lumière s'éteint pour lui, il semble que tout s'obscurcisse aussi pour celle dont il était le guide et le soutien. De nouveau, en le voyant souffrir, elle défaille, et la démission de sénateur supprimant de sa vie les plus vives préoccupations extérieures, elle s'affaisse sur elle-même, se replie sur ses douleurs.

Ce ne fut pas sans un profond chagrin qu'elle dit adieu à la Lozère; elle écrit sur son carnet : « Épopée de la Lozère consommée... Adieu, mon pays, ma Lozère! »

Elle ne l'oublia jamais cependant, et la Lozère aussi se souvint. La comtesse Jeanne en recueillit plus tard le vif témoignage. Descendant un jour du Pic du midi vers Barèges et Luz, elle apprit que le pèlerinage lozérien allait arriver à Lourdes.

« Aussitôt, écrivait sa charmante filleule, Mlle B..., ma marraine fait changer l'itinéraire du voyage pour se joindre à lui. C'était vraiment une chance extraordinaire de nous trouver là et de revoir en un jour, et tous à la fois, trois mille de ces chers Lozériens dont ma marraine garde un si bon souvenir. Lorsque au milieu d'eux, près de la Grotte, ma marraine s'adressait à quelques-uns d'entre eux et se nommait, aussitôt leurs visages s'illuminaient, et ils exprimaient si bien, en leur langage si profond et si naïf, toute leur admiration, toute leur reconnaissance! « Ah! c'est vous qui êtes cette noble dame qui nous a fait tant de bien! Vous êtes bien aimée dans la Lozère. Et vous n'êtes pas vieille! vous êtes bien jeune! vous êtes gentille! Vous êtes une bonne dame. » A tout cela manque l'accent qui change tout... C'était vraiment touchant.

« Dire que ma marraine aurait pu adresser la parole à chacune de ces trois mille personnes et qu'il n'y en avait pas une seule qui n'eût reçu quelques témoignages de sa bonté ou un bienfait de sa part! Les uns la remerciaient encore du dais dont elle avait fait présent à leur pauvre église ; les autres, des vêtements donnés à des enfants et des vieillards ; des pharmacies, des écoles fondées ; des églises, des presbytères bâtis, restaurés, etc., etc.

« Nous avons pu saluer Monseigneur l'Évêque de Mende à la tête de son troupeau ; M. de Nogaret de la Canourgue et ses enfants, qui nous avaient tous si bien reçus l'an dernier dans notre voyage à cheval ; beaucoup d'autres chauds partisans des Chambrun. Nous avons vu défiler la procession de ces trois mille pélerins, tous dans leurs habits de bure et les femmes avec leurs coiffes noires à petits béguins blancs. Ma marraine, en souvenir de cette journée, a fait acheter 3 000 médailles qu'elle leur a fait distribuer.

« Jugez de leur bonheur d'emporter avec eux le gage de *la bonne comtesse*, et surtout de l'avoir vue, de lui avoir parlé. Le Dr Prunières disait que dans leur cœur « ma « marraine faisait concurrence à Notre-Dame de Lourdes. »

A la suite de cette lettre de sa filleule, la Comtesse ajoutait : « Elle ne vous parle que de la voie *glorieuse* ou *joyeuse* (ne comprenant guère que celles-là), et non de la voie *douloureuse* qui a été la mienne, quelquefois jusqu'au désespoir. »

En effet, dans l'ébranlement de ses nerfs, dans la sensibilité aiguë de tout son être physique et moral, tout lui devient souffrance, tout réveille des douleurs passées, fait saigner des blessures mal cicatrisées. Et en même temps elle se désole du contre-coup douloureux que ses souffrances produisent dans le cœur de son mari, dans le cœur de tous ceux qui l'aiment : « Je ne puis dominer le sentiment de profonde détresse qui m'envahit, écrit-elle un jour; j'ai un ciel de plomb sur la poitrine. Tout m'est ennemi, mes amis les plus proches et les meilleurs, mes efforts les plus courageux; toute sensation m'est douloureuse. Il me faut éteindre plus que jamais le feu sacré qui brûlait en moi, et envier votre existence de travail dévoué et actif qui n'est pas un surcroît de douleur pour soi et les siens ! Que Dieu vous le garde ! » Et dans une autre lettre : « Hier, j'étais rejetée dans mes crises funestes et dans les suites fatales qu'elles ont toujours, par la main même d'une amie à qui je voulais venir en aide et qui m'a repoussée en m'enfonçant dans le cœur un poignard qui n'en sortira pas plus que tous ceux qui l'ont précédé. J'ai le cœur ainsi fait qu'une fois l'arme entrée, elle s'y retourne éternellement, incessamment, sans en sortir jamais. »

Les refus qu'elle ressentait parfois comme des blessures ne provenaient que d'une fière et délicate réserve. Si tendre était son âme et si grand son besoin de se dévouer, qu'elle avait peine à comprendre que toutes ses bontés ne fussent pas acceptées avec le même empressement qu'elle mettait à les prodiguer. Parfois aussi la défense d'une cause chère l'entraînait dans des discussions où elle se dépensait jusqu'à l'épuisement et où elle montrait pour toutes les nobles idées cet enthousiasme généreux qu'elle nommait en souriant : « mon absurde donquichottisme. » Dans les derniers temps, elle défendait surtout la cause de la paix avec une ardeur qui plus d'une fois faillit allumer la guerre entre les intimes. Mais quand, dans une de ces vives discussions, elle craignait d'avoir affligé quelqu'un, c'était pour son cœur une souffrance de plus. Si la vivacité d'une réponse ne la froissait pas, un regard plein de larmes la bouleversait : « Chère amie, écrivait-elle un jour, c'est mettre le comble à mon martyre que de me faire sentir que j'en suis cause aussi pour vous. Voici les roses que je portais hier, et une de Moncade. » Dans ces circonstances, elle demandait pardon simplement, grandement, non sans un effort qui lui coûtait bien, disait-elle, mais qu'elle trouvait la force d'accomplir en son amour de la charité. Ainsi s'accroissaient encore l'attachement et l'estime profonde que l'on ressentait déjà pour elle, et l'on oubliait bien vite ses vivacités pour ne se souvenir que de son dévouement. Elle au contraire n'en pouvait rien oublier; la présence de ceux qu'elle croyait avoir contristés la faisait souffrir, et malgré ses efforts, elle ne pouvait s'empêcher de montrer qu'elle souffrait. C'est ce qu'il fallait dire pour faire comprendre ce qui, dans sa conduite, aux yeux des indifférents, paraissait tenir à d'inexplicables caprices. Non, la comtesse ne rejetait ni n'oubliait jamais ses amis. Ils le savaient, et tout en demeurant à l'écart jusqu'au jour où ils sentaient que leur présence n'éveillerait plus en elle d'impression douloureuse, ils lui gardaient la constante affection qu'elle-même au fond du cœur conservait pour eux. Ne se souvenaient-ils pas d'ailleurs de tout ce que sa tendresse lui inspirait à leur égard de délicate bonté, d'admirable sollicitude? Ne savaient-ils pas que le temps où elle les avait le plus aimés, était celui où elle les avait vus le plus malheureux?

Celle qui n'avait pas été mère par la nature le devenait facilement par le cœur; et la souffrance, pour cette âme qui la ressentait si vivement, était alors le meilleur titre à son adoption. « Ma chère fille de douleur, écrit-elle sur un papier qui porte la devise *Stabat*, c'est dans le Purgatoire de Dante, ou plutôt c'est au pied de votre croix où vous restez debout et fidèle (comme le dit ce papier), au milieu de toutes les amertumes, que je vous envoie cette suprême communion! » — « Oh! oui, venez demain au sacrifice de la Passion. » (Lettre du 20 août 1887.)

Un jeudi saint, au sanctuaire de Laghet, l'un de ses

jeunes compagnons de voyage, seul avec elle au pied du reposoir, se souvient que ce jour est pour lui celui d'un douloureux anniversaire. Devant les larmes silencieuses qu'elle voit couler, comme autrefois la Mater Dolorosa adopta saint Jean, la comtesse adopte l'affligé : il devait la suivre au sommet du Calvaire et consoler ses longues souffrances jusque sur son lit de mort.

Elle acceptait aussi d'être la marraine de nombreux enfants et se créait par là une maternité spirituelle. Jeune femme, déjà elle comprenait dans toute leur gravité les obligations religieuses qu'elle s'imposait ainsi. En envoyant à une filleule qui vient de naître, une médaille de la Sainte-Vierge, elle dit au père : « Je bénis Dieu avec vous, Monsieur et ami, de l'heureuse délivrance de votre chère femme, et du don qu'il *nous* fait d'une petite Jeanne. Je dis *nous*, puisqu'elle sera mienne un peu, par le cœur, par le dévouement, par la foi. Je demande au ciel pour elle ses plus abondantes, ses plus précieuses bénédictions, et je dépose sur son jeune front, avec recueillement, avec amour, mon premier baiser de marraine et de mère.

« Que j'aurais aimé à tenir moi-même cette enfant sur les fonts baptismaux! du moins je veux savoir le jour et l'heure, et je serai au même moment à l'église, devant les fonts, suivant avec un pieux intérêt et une fervente prière toutes les cérémonies du baptême qui sont si belles et si touchantes dans leurs symboliques détails. Je les ai dans mon livre de mariage, et je m'en sers chaque fois que je suis appelée à devenir la mère spirituelle d'un petit nouveau chrétien. »

A Nice, dans la chapelle Saint-Jean qui s'ouvre sur la haute terrasse de la villa, les baptêmes avaient un caractère particulier. Tous les filleuls de la comtesse, présents dans la ville, étaient réunis pour former le cortège qui escortait le nouveau-né. Le curé de Saint-Barthélemy, vénérable capucin à barbe blanche, faisait les cérémonies. Une collation suivait ; la bonne comtesse distribuait elle-même au petit monde les boîtes de dragées, les pieux souvenirs. Par son ordre le jardinier tressait une belle couronne de baptême avec les roses du 11 août. Les prénoms étaient nombreux d'ordinaire et on ne les eût peut-être pas tous retrouvés dans le calendrier. La comtesse les empruntait quelquefois à ses auteurs préférés et elle a donné à telle de ses filleules le nom d'une héroïne de Shakspeare.

Mais cette maternité spirituelle lui rappelait plus d'une fois d'une manière douloureuse ce qu'elle avait de fragile. Elle le sentait bien, le jour où elle écrivait à une amie : « Je viens de remettre Bébert à sa mère, en traversant Paris hier matin pour aller d'une gare à l'autre, sans mettre le pied *at home*, comme je l'avais fait déjà en allant de Lorraine en Belgique, pour prendre le précieux dépôt que l'on me confiait, un peu fatigué par une petite maladie qu'il venait de faire, et que je rends resplendissant de vie et de santé. Ce voyage lui a fait un bien énorme. Je lui faisais écrire ses impressions quotidiennes, et la page d'hier se terminait par ces deux mots également tristes à mon oreille : « Adieu, marraine ! Bonjour, maman ! »

La comtesse aimait à donner les fleurs de ses serres ou de ses terrasses ; c'était pour les nouveau-nés ou pour les nouvelles épousées, pour les lits des malades, et pour les cercueils. C'est un petit convalescent qui retrouve son premier sourire devant les fleurs que la comtesse lui a envoyées ; c'est la fille du garde de la villa qui reçoit, le jour de ses noces, une superbe guirlande de roses et de fleurs d'oranger ; c'est le jardinier dont la tombe est couverte des roses qu'il avait plantées.

La comtesse en toute occasion se montrait vis-à-vis de ses serviteurs une maîtresse charitable et délicate. Nous avons vu sa conduite envers sa nourrice et rapporté les regrets que lui inspirait la perte d'une vieille domestique. En 1889, un des cochers meurt, et elle télégraphie : « Un vrai deuil dans la maison ; un vieux serviteur de 25 ans, et si heureux, entouré de tous les siens ! »

En 1887, lors de la fête de Baccarat, elle télégraphie à M. Michaut, administrateur de la cristallerie : « Je suis toujours l'enfant de Baccarat, et sans mes obstacles et souffrances je serais aujourd'hui au milieu de vous, avec nos amis que j'envie. Dites-le à *mes frères, ouvriers et patrons*, aux enfants des enfants que j'ai couronnés, de ma part et au nom de ceux qui les ont aimés. »

La charité de la comtesse ne s'arrêtait même pas aux hommes. Elle descendait jusqu'aux plus humbles des « créatures du bon Dieu ». Comme saint François d'Assise, elle répandait sur tous les êtres la tendresse de son cœur ; et c'est au nom du doux saint qu'un jour, passant devant le monastère de Ligugé, elle demandait la délivrance d'un petit oiseau captif. — Lorsque mourut Blanche, la levrette fidèle qui avait accompagné partout les deux époux pendant treize ans, elle fut déposée par Mme de Chambrun, « à la clarté des étoiles », sous les lauriers de sa villa. Sur un petit tombeau de marbre blanc étaient gravés ces mots que le comte avait adressés à sa femme avec un sentiment digne des *Fioretti :* « Sur la petite sœur qui nous a aimés, répandez en mon nom des feuillages et des fleurs. »

On ne pouvait laisser dans l'ombre ces détails, si modestes qu'ils puissent paraître. Si on venait à les omettre, il manquerait un trait essentiel au portrait de la comtesse.

Cette exquise douceur qui pour les humbles allait presque jusqu'à la faiblesse, n'empêchait pas l'énergie du caractère de subsister et de s'affirmer en cas de péril.

Elle le prouva lors du tremblement de terre de Nice.

Ce n'était pas la première fois qu'elle était témoin d'une semblable catastrophe. A Rome, en 1885, elle en avait senti les secousses, et, par un étrange hasard c'était, comme elle l'écrivait à son mari, au moment où elle lisait dans la *Revue des Deux Mondes* une étude de M. Daubrée sur les tremblements de terre : « J'en étais à ce passage : « En Italie, ces mêmes mouvements, si faibles qu'ils ne « sont perceptibles... », quand je sentis mon lit vaciller à me donner le vertige. Je ne doutai pas un instant de ce que c'était. Mais je n'avais plus *ni elle, ni lui* (la mère, l'époux!) à qui dire mon émotion. Je regardai le plafond très élevé qui allait peut-être m'écraser loin de vous, je vous voyais me chercher dans les décombres de la maison... Je fis tout haut mon acte de contrition, et je repris ma lecture. » (Lettre de Rome, 11 avril 1885.)

Le tremblement de terre de Nice fut beaucoup plus grave. Le mercredi des cendres de 1887, la ville et ses environs furent bouleversés.

Le lendemain, nouvelles secousses.

La comtesse venait de s'endormir, après l'une de ses longues insomnies habituelles: « Peu d'instants avant, je regardais ma fenêtre, épiant le retour du jour et me disant : il ne reviendra donc jamais... Si j'avais su ce qu'il nous apportait ! »

— 98 —

Brusquement réveillée par la première secousse, elle put, cette fois, *aller dire son émotion* à celui qui partageait son péril. Il dormait et ne s'était aperçu de rien. Elle l'éveilla : « Préparons-nous à paraître devant Dieu », lui dit-il, et cette fois ce fut avec *lui* qu'elle fit l'acte de contrition.

Alors arrivèrent de toutes parts, de Nice et de la campagne, des fugitifs affolés. La comtesse Jeanne était « debout » pour recueillir tous ceux qui cherchaient un asile auprès d'elle. « Si vous aviez vu la panique des premiers jours, écrivait la courageuse filleule du comte et de la comtesse, Mlle B..., c'eût été vraiment drôle si ce n'eût été navrant. Les écuries, remises, conciergerie, tout était transformé en dortoirs pour les amis ou inconnus réfugiés. On dormait même dans les voitures au milieu du jardin. Mon parrain seul n'a pas bougé un instant. Ma marraine, Mlle P... et moi nous avons passé deux ou trois nuits campées dans le salon au rez-de-chaussée. La ville est déserte, les rues sont silencieuses et remplies d'échafaudages, de maisons en réparation. Nice n'a pas encore eu trop de désastres, tandis que Menton que nous avons visité la semaine dernière est ruiné : tout ce qui n'est pas démoli par le sinistre devra l'être de mains d'homme. C'est horriblement triste. » (Nice, 8 mars 1887.)

Les amis exprimaient le vœu que M. et Mme de Chambrun revinssent à Paris. « C'est votre cœur qui parlait, répondait la comtesse, mais vous nous connaissez assez pour augurer que pour rien nous ne déserterions. Nous nous faisons un devoir de rester à notre poste et de donner l'exemple de la confiance, car si nous nous sauvions aujourd'hui, Nice serait à jamais perdue. Quoi qu'il en soit, il y a des moments où je nous trouve un peu bien sublimes de bâtir à la belle étoile des temples de marbre inébranlables pour l'éternité, et d'habiter une bicoque de carton qui craque sur toutes les coutures et doit nous tomber sur la tête au prochain ébranlement. » (Lettre de Nice, 2 mars 1887.)

On pouvait alors lui redire les paroles que lui écrivait, au lendemain de l'incendie du théâtre de Nice, l'un de ses chers et illustres amis : « Dieu vous a faite à la hauteur de toutes les consolations et à la taille de toutes les douleurs! » (Lettre de M. Gounod à M*me* de Chambrun, 26 mars 1881.)

C'est de cette époque que datent quelques-unes des plus poétiques inspirations de la Muse, *l'Observatoire de Nice*, *le Progrès*, la gracieuse *Légende de la reine Odiva* et la *Marche de pierre* au sujet de laquelle M. Caro écrivait :

« Je viens de lire cette jolie pièce mélancolique, *Une marche de pierre*, et je veux vous dire combien j'y ai trouvé de grâce et de charme. Il y a là de bien aimables vers, mais pas de plus vifs, pas de plus souriants que ceux-ci :

> Comme les mules à bouffettes
> Qui laissaient sous les boulingrins,
> En courant à quelque conquète,
> Leur élégante silhouette
> En des enlacements badins.

« On est tout surpris et charmé de voir ces vers à la Musset tomber d'une plume austère. Le ton change bientôt, et la tristesse arrive; elle s'épanche en flots sombres, pleins d'orage, et l'on s'arrête sur la pensée « de la re« traite dernière et du grand avènement ». C'est comme dans la vie l'éternel dialogue du sourire et des larmes. » (Lettre du 16 juin, 1884.)

Malgré les années, en effet, c'est toujours la même vivacité de sentiment, la même fraîcheur d'inspiration. Devant les générations qui se succèdent autour d'elle, devant les enfants d'une gracieuse princesse jouant sous sa fenêtre, à la place même où jouait autrefois leur mère, devant ces témoins inconscients de la marche du temps, elle s'arrête et reconnaît l'éternelle jeunesse de l'âme, et elle écrit : « J'étais à la même fenêtre... »

Cependant ses souffrances n'avaient point cessé. Ceux qui l'ont approchée dans les huit dernières années de sa vie ont pu se dire que sa douloureuse agitation n'avait fait que croître. Et il semblait qu'elle-même se crût de plus en plus impuissante devant l'épreuve : « Je répète vainement, afin de m'en donner la sérénité, la dernière parole de saint Louis mourant sur la terre étrangère: « Si vivons, servons Dieu ; si mourons, le voyons. » (Carnet de 1888.)

Veut-elle réagir, il lui semble qu'elle retombe plus meurtrie par l'effort qu'elle a tenté. Au trentième anniversaire de la mort de sa mère, elle écrit au sortir de la messe : « Quand on la dira pour moi, j'aurai bien mérité mon repos. » (Carnet de 1888, 25 janvier.)

Mais cette agitation nerveuse n'était qu'à la surface, à la partie de plus en plus souffrante de son être. Dans les profondeurs de l'âme il s'accomplissait un travail latent qui l'amenait peu à peu à cette sérénité calme où se passèrent les derniers jours de sa vie.

En 1885, elle se rendit à Rome où, pour la première fois, elle était allée avec M. de Chambrun plus de trente ans auparavant. Elle y apportait un profond sentiment de désespérance, disait-elle ; en y arrivant, elle écrivait à son mari : « Oui, c'est bien la Ville éternelle, car si je trouve bien des changements, je retrouve aussi bien des immobilités, et je souffre autant des unes que des autres. — Comme c'est elle ! direz-vous. Oui, c'est elle, la même, la seule, vous l'avez dit aussi, et je suis encore « à la même fenêtre ». Cependant combien mes douleurs avaient d'espérances, et qu'elles ont de découragements aujourd'hui... Comme on se sent broyé par le passé et par l'avenir... Mais au fait, ne nous laissons pas envahir par le spleen qui m'étouffe et par cette « mélancolie dépressive » dont je me sens la proie. » (Lettre de Rome, 11 avril 1885.)

Quelques jours après, le jeudi saint, la comtesse Jeanne écrit un dialogue entre le Philosophe et le Poète, où la muse gémissante reçoit de son guide, de son ami, l'*Encouragement*, l'*Excelsior*. Au poème elle donne pour épigraphe cette parole : « Hommes de peu de foi, pourquoi craignez-vous ? » Elle y traduisait en beaux vers les conseils accoutumés que lui donnait le Philosophe.

Elle aimait à mettre ainsi les aspirations de son âme dans la bouche de son mari, et lui, de son côté, voyait toujours en elle, de cet œil intérieur que la cécité ne peut ravir, l'étoile conductrice.

A cette époque fut composée à Nice la poésie de la *Passiflore*. L'harmonieuse mélancolie de la pièce séduisit deux maîtres illustres, M. Ambroise Thomas et M. Gounod, qui travaillèrent en même temps, à l'insu l'un de l'autre, à la mettre en musique. Ces beaux vers passèrent à peu près dans toutes les langues de l'Europe. Leur premier traducteur fut l'Empereur Don Pedro qui les reproduisit dans le mélodieux idiome du Camoëns. Du palais de Pétropolis la princesse sa fille envoyait à l'amie de France le texte et l'impériale traduction de la *Passiflora* imprimés par ses fils à l'aide d'une petite presse domestique, et elle accompagnait cet envoi d'une lettre où se révèle dans une âme royale le tendre cœur d'une femme et la simplicité d'une mère.

Et deux ans après, en cette même villa Chambrun, c'était devant la famille impériale exilée, affligée d'un double deuil, pleurant à la fois la patrie perdue et l'impératrice défunte, que la *Passiflore* était chantée. Qui, mieux que les augustes proscrits, pouvait comprendre les enseignements de cette fleur de la Passion ?

D'autres royales douleurs avaient eu leur écho dans cette même villa. Au moment où les princes de la Maison de France attendaient à Cannes le vote et la promulgation des lois d'exil, la comtesse qui, quelque temps auparavant, les avait reçus à Nice, leur envoya des fleurs et des vers. « De ces fleurs naturelles et de ces fleurs poétiques, écrivait M. le comte de Paris avec une mélancolie profonde, les unes se faneront, j'espère, avant que nous ayons quitté la France; les autres seront toujours précieusement conservées, quoi qu'il arrive, comme un souvenir de ceux dont les pensées sont avec nous dans ces temps pleins d'anxiété. »

Ainsi elle prenait sa part non seulement des douleurs royales, mais de toutes les douleurs; ainsi elle allégeait, par la charité, ses propres souffrances : elle demeurait debout, selon le mot qu'elle aimait à répéter, qu'elle prenait parfois pour devise : *Stabat*. C'est qu'elle comprenait la nécessité de l'action, comme en témoignent ces lignes écrites à la suite d'une excursion de Nice à Cannes : « Messe recueillie, solitaire, à Notre-Dame-des-Pins. Je passe devant un toit qui me paraît « étroit pour un, large pour deux », sans être cependant « de mousse et de verdure », un de ces toits qui font rêver et désirer, dans une existence ultérieure, de venir s'y abriter quelques jours. Mais il n'est pas bon à l'homme, encore moins à la femme, de rêver : il faut agir... et souffrir! » (Carnet de 1889, 12 février.)

IX

Mme de Chambrun allait passer les dernières années de son existence inquiète et douloureuse dans une nouvelle habitation. En 1880, M. de Chambrun fit l'acquisition du magnifique hôtel que Louise-Adélaïde de Bourbon-Condé avait fait construire au siècle dernier sur les dessins de Brongniart. Au seuil de la demeure se dressent les trois statues de marbre blanc où le ciseau de M. Guillaume a traduit la pensée du comte. Dans une brochure publiée en

1882, M. de Chambrun a expliqué le haut symbolisme de ces figures où la comtesse retrouvait « la pureté de l'art grec et l'expression de l'art chrétien ».

C'est dans cet hôtel que le philosophe organisa avec méthode sa vie d'aveugle qui renonce volontiers à la lumière du jour, pourvu que cette obscurité extérieure rende plus vive et plus pure encore la lumière du dedans, et que les ténèbres s'illuminent des clartés de la science et des rayonnements de l'art. Sa constante préoccupation a été de se rendre compte de la marche ascendante de l'humanité vers la civilisation. Pour documenter l'idée philosophique d'après laquelle il aime à tout expliquer, il s'est entouré de jeunes et déjà savants conférenciers qui l'ont tenu au courant de toutes les découvertes nouvelles de l'histoire. Heure par heure, sa journée est employée soit à ces conférences, soit à la réflexion personnelle, soit à la dictée des notes qui résument ses impressions en une prose synthétique et pleine.

La comtesse prenait à ces conférences le plus vif intérêt. Obligée, pour y assister, de se préoccuper des heures, elle ressentit l'heureuse influence d'une vie plus réglée, telle que son mari la lui avait toujours conseillée. Lorsqu'il la précédait de quelques semaines en hiver à Nice, ou au printemps à Paris, elle ressentait le manque de ces séances.

A Paris, elles avaient lieu dans le cabinet du comte, le

cabinet bleu de Mlle de Condé. Ce fut là que le R. P. Terrade refit sa belle conférence du Luxembourg sur la pure héroïne qui, de cette chambre même, écrivait ses chastes et tendres lettres à M. de la Gervaisais. Touchante coïncidence! Cette pièce avoisine le couvent où les restes de la princesse ont été rapportés par les soins de la communauté qu'elle avait fondée.

A l'hôtel de Condé, le comte et la comtesse de Chambrun appelaient la jeunesse amie pour lui faire partager leur admiration du beau et leur culte de l'idéal qu'ils recherchaient sans cesse dans toutes les formes de l'art.

La comtesse avait repris à Paris la tradition du théâtre de Baccarat. Dans le *Conte d'Avril* elle tient avec une poétique émotion le rôle de Viola; c'est elle encore qui donne au personnage de Perdican un saisissant relief, et qui, dans l'*Arlésienne*, tire des larmes de tous les yeux. De cette dernière pièce elle disait : « C'est beau comme la nature, comme l'antique, comme Shakspeare. » Alphonse Daudet à son tour rendait un juste hommage à sa gracieuse interprète, quand il la nommait « la plus exquise, la plus délicate des Rose Mamaï ». Rien ne manquait à la perfection de ces représentations. La musique de Bizet était interprétée par des artistes qu'accompagnait l'orchestre de M. Colonne; d'excellents acteurs tenaient les autres rôles; mais, de l'aveu de tous, la comtesse se surpassa dans celui d'une mère essayant en vain d'arracher son fils à la force tragique et mystérieuse qui le domine. Elle trouva des accents qui faisaient dire à M. de Chambrun : « Vous devez avoir douze enfants cachés dans quelque coin pour être mère à ce point! » — « Non, répondait-elle, je n'ai point d'enfants, mais j'ai eu une mère! »

Elle savait sourire aussi, et dans sa gaîté elle gardait la candeur de l'enfant avec tout l'esprit de la femme, sans descendre jamais à rien de vulgaire ou de trivial. Les amusements même de l'hôtel de Condé contenaient des enseignements. Dans les charades alternant avec des scènes de vaudeville, s'intercalaient des dialogues de Corneille, des tableaux vivants empruntés à la frise du Parthénon, aux *Loges* de Raphaël, à toutes les œuvres qui avaient charmé les regards de la comtesse. Elle vivait avec ces belles visions : une figure, un geste, une attitude, une expression de physionomie les lui rappelaient, et elle trouvait pour exprimer ces rapprochements les plus heureuses paroles.

Dans les arts du dessin, ses maîtres préférés étaient Michel-Ange, Raphaël, et plus qu'eux peut-être le mystique Fra Angelico, le Pérugin qui paraît garder encore dans la perfection de la forme la naïve inspiration des primitifs. Parmi les modernes elle aimait surtout M. Hébert en qui elle voyait quelque chose de la manière du

Pérugin. Il disait un jour en souriant qu'elle lui faisait découvrir dans ses œuvres ce qu'il n'y avait pas remarqué lui-même.

Aussi était-on sous le charme lorsque la comtesse Jeanne évoquait le souvenir de ses voyages artistiques à travers l'Europe, ces voyages où elle était, selon l'expression d'une amie « le guide le plus entraînant qui se pût trouver ».

Mais la musique demeura pour Mme de Chambrun l'art préféré entre tous. Jeune fille, elle s'était plu à guider sur le clavier les petits doigts d'un enfant de trois à quatre ans qui jouait avec elle le septuor de Beethoven. C'était le fils d'un béarnais, ami et compatriote de sa mère. Il se nommait Francis Planté. Longtemps après, appelé à Paris par sa noble amie pour mettre son talent au service d'une œuvre d'enseignement religieux, l'artiste retrouva dans le salon ce piano sur lequel il avait fait ses premières prouesses et que la comtesse avait religieusement conservé.

Mme de Chambrun initia son mari à l'art musical; elle lui en fit d'abord goûter, par ses talents de cantatrice et d'exécutante, les beautés les plus intimes; puis il résolut d'en étudier les maîtres et les chefs-d'œuvre dans l'ordre de leur succession historique. De là est né ce *Cours de musique* où Beethoven, Bach, Gluck, Mozart, Haydn, Hœndel, Weber, Mendelssohn, Wagner, successivement interprétés par Mmes Conneau, Nilsson, Krauss, Materna, avec les orchestres de M. Colonne et de M. Lamoureux, ont eu pour auditeurs des maîtres illustres, de vifs et charmants esprits, et des Princes de maisons royales, tels que l'Empereur du Brésil et son auguste famille, fidèles à l'hôtel de Condé comme à la villa de Nice.

Après avoir fait partager à son mari son admiration pour les grands maîtres du xviii° siècle, Mme de Chambrun eut plus de peine à le convertir à l'admiration de Wagner. Réfractaire d'abord elle-même à cette musique étrange et complexe, elle en fut bientôt charmée et devint une des fidèles du pèlerinage annuel de Bayreuth. En 1889, elle décida le comte à s'y rendre aussi, et la conversion de l'esthéticien au wagnérisme s'y consomma. Peut-être même devint-elle trop complète au gré de la comtesse.

Elle aimait toute musique, pourvu qu'elle fût idéaliste et chantante. Elle se révoltait quand son admiration pour Wagner faisait douter de sa fidélité aux vieux maîtres. Un jour, pendant qu'elle interprétait au piano avec un éminent artiste, le baron Vincent d'Indy, une œuvre de Wagner, M. Sauzay entra. Il s'assit, contenant à grand'-peine son indignation. L'audition terminée, il dit à son élève : « Vous adorez ce que vous avez brûlé, vous brûlez ce que vous avez adoré. » — « Non, s'écria vivement la comtesse, si j'adore ce que j'ai brûlé, je ne brûle pas ce que j'ai adoré. Et, bien que je mette Wagner à la suite de Beethoven, de Mozart, je leur garde le même culte qu'autrefois. » Et la discussion continua, fut orageuse. Mais peu de temps après, M. Sauzay eut la preuve que la comtesse avait conservé le souvenir de ses anciens maîtres et son goût pour la musique classique. A une autre de ses visites en effet, elle lui joua l'une de ses œuvres, ces chœurs d'*Athalie* où il a si bien traduit la religieuse inspiration, le rythme mélodieux de Racine. Ce fut avec des larmes de reconnaissance qu'il remercia son élève. Plus d'une fois, elle fit exécuter ces chœurs dans la chapelle de l'hôtel, et toujours le maître y reconnaissait la douce voix de l'élève aimée. Il n'était plus alors question de Wagner.

Tandis que la musique profane se faisait entendre dans les salons du rez-de-chaussée, les concerts spirituels étaient réservés à la chapelle. Construit par M. Vaudremer, d'après le plan de M. de Chambrun, sur l'emplacement de l'ancienne chapelle des Mékhitharistes, ce sanctuaire est une sorte de réduction de la Sainte-Chapelle. Il est du plus pur style ogival; de magnifiques verrières l'éclairent, où se déroule la suite de l'ancien et du nouveau Testament : *la Création, les Prophètes, les Apôtres, les Sacrements*.

Un dimanche, l'archevêque de Paris, revêtu de ses habits pontificaux, vint bénir les fondateurs de la nouvelle

Sainte-Chapelle. Ce spectacle faisait dire à la comtesse : « C'était un tryptique du moyen âge où le saint bénit les deux donateurs. » Une autre fois, le 23 mai 1888, l'archevêque de Tyr y officiait à l'occasion des fêtes données à l'hôtel de Condé au profit des écoles d'Orient, sous la présidence du nonce apostolique et le patronage de Mme de Chambrun.

Deux fois par semaine, le soir, on se réunit dans ce sanctuaire domestique. La chapelle est sombre ; les vitraux seuls sont éclairés par des lampes qui brûlent à l'extérieur. L'orgue est tenu par un maître, M. Guilmant, qui suit le programme tracé par M. de Chambrun, et tour à tour on entend la *Création* d'Haydn, puis la messe en *ré* de Beethoven, que M. de Chambrun a exhumée le premier, et qu'il a fait exécuter dans sa chapelle avant que le Conservatoire ne l'adoptât pour ses concerts. Cette œuvre puissante faisait dire à la comtesse : « On devrait entendre à genoux le *Qui tollis* du *Gloria* et l'*Incarnatus* du *Credo* : c'est du Michel-Ange. On est écrasé, broyé. » Puis viennent les pages profondes de Bach, *la Passion*, les cantates, les fugues, les toccatas, dont la comtesse disait : « Sublimes toccatas et fugues qui me donnent, dans leurs crescendos gigantesques, l'impression d'un rêve que me racontait un jour Delsarte, quand j'étais enfant. Il voyait la chapelle dans laquelle il s'était endormi grandir, grandir toujours, les statues qui l'ornaient, les ogives des voûtes, s'élever jusqu'au ciel, ces statues s'animant entonner un cantique sublime qui allait se perdre dans le ciel. »

M. de Chambrun éprouvait une impression analogue alors qu'en même temps que l'orgue chantait, une voix s'élevait pure, harmonieuse, émue, avec des vibrations inaccoutumées. Sur les ailes de cette voix, l'audition s'élevait à un caractère éminemment religieux et l'émotion esthétique se terminait en prière. Lorsque la comtesse Jeanne redisait ces *Litanies des morts* où Schubert fait gémir les voix des trépassés, on sentait qu'elle égrenait son douloureux rosaire. Et quand, à l'ombre de l'autel, elle nous faisait entendre la *Passiflore*, on sentait aussi qu'elle y mettait toute son âme. Le cri de sa douleur s'apaisait dans le *Fiat* de sa résignation.

En 1890, au mois de novembre, les concerts spirituels eurent lieu avec un exceptionnel éclat. Mmes Conneau, Krauss, MM. Vergnet, Auguez, l'orchestre de M. Colonne, les chœurs du Conservatoire, à l'orgue M. Guilmant, se surpassèrent eux-mêmes. Le jeudi, 27 novembre, eut lieu le dernier concert, et beaucoup d'auditeurs furent frappés du caractère funèbre de la plupart des morceaux : la *Marche funèbre* de Wagner, le *Requiem* de Mozart, la *Passiflore*. La comtesse déjà bien souffrante avait pu cependant assister à cette fête musicale, et, à Noël, à la messe de minuit, sa voix se mêla encore aux chants sacrés. Elle voulut présider aussi la fête de l'arbre de Noël... le dernier! *Le petit âne de la crèche* lui inspirait une poésie gracieuse et naïve, digne de nos vieux noëls.

X

Au commencement de janvier, elle donnait à une amie l'un de ces petits agendas qu'elle aimait à distribuer à cette époque de l'année. Éprouva-t-elle alors le même pressentiment qui, le 1er janvier 1889, lui avait fait écrire sur son carnet : « A Aldebert, à celui, à ceux qui m'ont aimée, je dédie cette année, peut-être la dernière, » je ne sais; mais cette fois elle marquait d'une croix la première page de l'agenda, en ajoutant au-dessous : « Que cette année vous soit bénie. » Hélas ! cette amie lui parla pour la dernière fois ce jour-là.

Quand l'été vint, la comtesse Jeanne sembla se rétablir. Elle put rassembler ses forces pour accomplir un dernier pèlerinage au tombeau des Apôtres, où elle était déjà retournée pour les solennités du Jubilé de Léon XIII. Elle en rappela plusieurs fois le souvenir devant cette esquisse de Lembach où le Souverain Pontife apparaît comme une vision blanche, diaphane et lumineuse. Que ne peut-on reproduire sa parole, son regard, son geste, quand elle décrivait l'entrée du Pape sous la voûte de Saint-Pierre! On retrouve du moins un écho de son récit dans une lettre datée de Rome :

« Le jeudi, 12 avril, a été tellement sublime que ce sont de ces impressions qu'on oublie, tant leur intensité dépasse la mesure de l'équilibre humain. L'entrée du Saint-Père a soulevé une acclamation qui ne ressemblait à rien de ce qu'aucune oreille humaine avait pu entendre jusque-là. Ce n'étaient plus des sons et des paroles, c'étaient des ondes sonores, émues et palpitantes, ou plutôt des vibrations d'âmes. Puis sa bénédiction, son bras, qui va chercher jusqu'au bout du monde toutes les âmes amies ou ennemies pour les amener dans son cœur de père. » (Lettre de Rome, 1891.)

Cette bénédiction, elle la reçut toute spéciale, paternelle et bienveillante dans une audience privée. Elle était partie se traînant à peine; mais aussitôt qu'elle eut respiré l'atmosphère religieuse de Rome, elle parut avoir retrouvé les forces vives de la jeunesse avec un enjouement et un calme que ses amis ne lui connaissaient plus. Cette sérénité souriante ne devait plus la quitter. Après son retour à Paris, durant les trois mois qu'elle passa encore parmi nous, elle paraissait même délivrée de ses inquiétudes nerveuses. La paix de l'âme s'était répandue jusque dans son organisme physique.

La dernière fois peut-être qu'elle se promena dans son jardin, ce fut avec ce religieux qui, dix-huit mois auparavant, avait fait la conférence dont nous avons parlé sur Louise-Adélaïde de Bourbon-Condé. Il fut frappé de son calme, et remarqua qu'elle se détachait tout à fait de la terre.

« Sa parole, plus intime et plus émue, écrit-il, avait un accent qui me frappa : elle semblait être l'écho d'une âme qui entendait déjà les harmonies d'un monde meilleur. »

Ils parlèrent d'art et de poésie. Le souvenir de celle qui avait la première habité l'hôtel fut naturellement évoqué. Puis, la conversation s'élevant, la comtesse se mit à interroger le père sur le sort des bienheureux. Comme après la mort de sa mère, elle demandait s'ils voyaient ceux qu'ils avaient aimés ici-bas.

« Elle voulait savoir en quoi consistait la *béatitude céleste*, et pourquoi, dans l'Écriture, on appelle le ciel « la terre des vivants ». Je répondis à cet appel de son cœur en lui résumant les belles pages que saint Augustin, dans sa *Cité de Dieu*, a consacrées à décrire la félicité des élus.

« L'admirable Docteur, dont le génie, trempé dans les

larmes d'une mère, a toutes les intuitions et toutes les tendresses, dit que l'homme éphémère a besoin des visions de l'éternité; aussi, déchirant le rideau des mondes, nous invite-t-il à jeter un regard tremblant dans les abîmes lumineux de l'éternité, et il nous fait voir dans le ciel :

« La *beauté* même de Dieu se révélant à l'intelligence et l'inondant de sa lumière;

« La *félicité* même de Dieu enivrant le cœur de délices et étanchant sa soif de bonheur;

« La *splendeur* même de Dieu jetant son éclat jusque sur nos corps ressuscités et les faisant étinceler comme ses soleils;

« La *charité* même de Dieu réunissant dans un amour immortel ceux qui se sont connus et aimés ici-bas;

« Enfin l'*éternité* même de Dieu éternisant la béatitude des élus.

« Il ne faut rien moins que cela au cœur de l'homme, tant Dieu a mis dans ce cœur l'infini de sa propre nature. Enlevez une seule de ces félicités, et le cœur de l'homme reste inquiet et inassouvi ; son bonheur n'est pas parfait, il n'est pas encore arrivé au terme de son repos et au bout de ses désirs.

« Nous n'avons ici-bas qu'une *vie mourante*, là-haut est la vie parfaite, la *vraie terre des vivants*.

« Ces grandes pensées de saint Augustin, Dante les a

revêtues des magnificences de sa poésie, me dit alors la comtesse, et elle ajouta : « Je suis heureuse que M. de « Chambrun achève sa vie en gravissant, à la suite de « Dante, les degrés du palais éternel, et couronne ainsi « ses *Études* par l'étude même du ciel où la joie de Dieu « rit et chante sur le front des élus. *C'est là que j'irai* « *l'attendre.* » Ces derniers mots n'exprimaient-ils pas un pressentiment ?

« Quelques jours après, au fond des montagnes de l'Auvergne, j'apprenais le départ de l'aimable et pieuse comtesse pour ce ciel rêvé, *vraie terre des vivants.* » (Lettre du R. P. Terrade, du 24 novembre 1891.)

Pleinement rassuré sur cette santé si chère, M. de Chambrun, à peine remis des longues souffrances endurées l'hiver précédent, était parti pour les eaux. Quelques jours après, une dépêche alarmante le rappelait à Paris. Mme de Chambrun s'était tout à coup trouvée très malade. Chaque bruit de voiture, entendu dans le lointain, lui paraissait annoncer l'arrivée de son mari. Quand elle le vit entrer dans sa chambre, elle sourit doucement : « Vous avez voulu me revoir, » fit-elle d'une voix faible. Ses dernières sollicitudes avaient été pour deux serviteurs malades. Sa pensée allait maintenant demeurer jusqu'à la fin avec l'ami, l'époux qui avait été de moitié avec elle, pendant sa vie, dans toutes ses joies, dans toutes ses tristesses, dans toutes ses œuvres de poésie ou de charité, dans toutes ses espérances.

Dieu voulut rassembler autour de ce lit de mort toutes les consolations; les enfants de la bien-aimée cousine du Béarn l'entouraient avec leur fille, Jeanne, la filleule préférée en qui la comtesse aimait à se voir revivre. La jeune fille avait apporté des fleurs, la comtesse les fit placer devant elle : « Tu vois, ma chérie, tes roses sont encore sur mon lit, » lui disait-elle en les lui montrant.

Le lendemain matin, — c'était le 27 juillet, — sa main dans la main de son mari, elle parut s'endormir doucement, et passa ainsi. Suivant l'expression d'une amie, elle se présentait à Dieu « chargée d'innocence, de bonté et de charité, de ce je ne sais quoi de transparent et de jeune qu'il aime tant ».

A peine avait-elle rendu le dernier soupir que ses amis en pleurs se succédaient auprès de la couche funèbre. Vêtue d'un peignoir blanc, les pieds chaussés de satin blanc et appuyés à un coussin de soie et de dentelles, les mains jointes sur la poitrine et retenant un chapelet de nacre, elle avait gardé dans la mort la grâce de la vie. A côté du lit, une main pieuse avait placé près du Christ une petite photographie, si chère à la comtesse qu'elle l'avait toujours sous les yeux en récitant ses prières; c'était la Madone du Grand Duc, humble image sur laquelle une amie avait tracé les vers que l'original avait inspirés à la Muse, sous le titre de Béatrix.

Le mardi matin, Madame la princesse héréditaire du Brésil, comtesse d'Eu, venait s'agenouiller devant ce lit de mort et pleurer sur la fidèle amie des jours d'épreuves. La visite de Monseigneur le comte d'Eu suivait bientôt celle de la princesse. En parlant de son auguste père, l'empereur du Brésil, Madame la comtesse d'Eu disait : « Cette mort sera aussi un coup pour lui. »

Le mardi soir, après la mise en bière, le corps était déposé dans la Sainte-Chapelle de l'hôtel de Condé, transformée en chapelle ardente. Le lendemain et le surlendemain la messe fut dite devant le cercueil par M. l'abbé Viteau, l'aumônier de la maison : plus d'une fois les larmes de l'ami altérèrent la voix du prêtre. Le comte assistait au saint sacrifice à cette même tribune d'où naguère encore les chants de la Muse le ravissaient. Agenouillés autour du catafalque, les amis priaient et pleuraient.

Le jeudi, 30 juillet, le corps de Mme de Chambrun, fut porté à l'église Saint-François-Xavier. Sur les tentures on ne voyait ni couronne ni blason. M. de Chambrun avait voulu que nul signe des grandeurs humaines ne parût devant la croix, et que les funérailles eussent lieu avec la même simplicité qu'il exigeait lui-même pour les siennes.

Malade, abîmé dans sa douleur, il ne pouvait conduire le deuil. Mais de sa chambre, s'il ne voyait pas les sombres tentures de l'église, du moins il entendait sonner le glas, ce *glas* qui désormais répondait pour lui à toutes les évocations radieuses du passé et qui lui inspirait bientôt une lamentation d'une éloquence poignante.

Dans le cortège, à côté de la famille et des amis, on remarquait un grand nombre de membres éminents du clergé, du corps diplomatique, de l'Institut, des lettres, des arts et des sciences.

Pendant la cérémonie, l'organiste de la Sainte-Chapelle, M. Guilmant, interprétait au grand orgue une œuvre de Bach particulièrement chère à la comtesse.

Après la messe dite par M. le curé de Saint-François-Xavier, l'absoute fut donnée par M. l'abbé Legrand, vicaire général, curé de Saint-Germain-l'Auxerrois, l'ami vénéré du comte et de la comtesse.

Une foule considérable suivit le convoi au cimetière Montmartre. Dans un caveau de famille, les restes de celle qui fut Madame de Chambrun furent réunis aux restes des siens, tandis que son âme retrouvait leurs âmes dans l'éternité.

Au moment où les dernières prières venaient d'être récitées, une voix vibrante, émue, s'éleva. Au nom des amis en pleurs qui l'entourent, M. Émile Ollivier envoie le dernier adieu à « cette nature rare, exquise, toute d'élévation et de poésie ».

Le grand orateur ne fut jamais plus éloquent : son discours tirera des larmes des yeux de tous ceux qui le liront, comme il en tira de tous ceux qui l'entendirent. Les jeunes gens surtout pleuraient, les jeunes artistes dont la comtesse encourageait la vocation et qu'elle excitait « aux beaux efforts du devoir ». En toute sa vie elle leur a laissé un exemple : c'est pour rendre durable cet exemple qu'on a essayé de retracer ici son existence, et qu'on a recueilli, dans ce volume quelques-uns de ses vers, avec les reproductions des œuvres d'art dont elle a été l'inspiratrice.

Ces vers « généreux et charmants », comme les nommait un juge délicat, étaient pour un autre « une révélation », et lui faisaient dire : « Vraiment l'âme est vigoureuse et noble, avec une nuance d'inflexibilité saisissante en une âme féminine, et qui contraste noblement avec la mollesse des mœurs d'aujourd'hui. » — « C'est une vraie chrétienne, un poète, un grand cœur. Bénie soit-elle comme une perle bien rare dans ce siècle indigent, » écrivait encore un éminent archevêque qui lisait ces vers sans en connaître l'auteur.

Ainsi penseront tous ceux qui les reliront ici. Ils y retrouveront l'écho de cette âme qui « s'était établie à ce bord extrême du monde réel, d'où il suffit d'un coup d'aile pour s'élancer aux sphères infinies ». Elle s'est envolée, elle a donné ce coup d'aile définitif, et celle qui « a vécu ici-bas dans une grande espérance, Dieu l'a accueillie en haut dans sa grande paix ».

Paris, 2 novembre 1892.

ÉPIGRAPHE

Ah! si mes vers avaient des ailes,
Ils tourbillonneraient vers vous,
Comme à nos toits les hirondelles,
Quand revient un souffle plus doux.

Ils vous murmureraient des choses
Qui vous feraient vibrer le cœur,
Dont jamais de vulgaires proses
N'auraient eu l'ardente saveur.

Mais ces pauvres vers n'ont pas d'ailes :
Ils tomberont sur le chemin,
Oiselets aux plumes trop frêles,
Si vous ne leur tendez la main.

Photogravure Braun Clément & Cie.

I

A AUGUSTIN SÉNAC

PRÊTRE DE N.-S.-J.-C.

Oh! que vous portez bien ce grand nom d'Augustin!
Comme lui reflétant la divine lumière,
Vous savez en répandre un rayon sur la terre;
On marche en sûreté guidé par votre main.

Mais qu'il est difficile à suivre, le chemin!
On s'égare aisément sur cette obscure sphère;
Vous avez en cherchant pénétré le mystère :
Et moi je cherche aussi, mais hélas! c'est en vain.

Versez donc sur mon cœur quelques gouttes d'eau vive;
J'ai besoin de puiser à la céleste rive;
Je demande en vos mains ma part du pain des cieux,

Comme à l'eau du torrent va s'abreuver la biche,
Et comme un pauvre, assis à la table d'un riche,
Ramasse quelque miette, et s'en revient joyeux.

2 février 1852.

II

BÉTHARAM

La neige à l'horizon de rose se colore,
Les étoiles s'en vont et font place à l'aurore.
Après notre prière en voiture montons :
Y sommes-nous bien tous? Adieu, Pau, nous partons.
Nous devons commencer ce saint pèlerinage
En lisant Bossuet, doucement, page à page ;
Puis, nous interrompant, admirer le tableau
Qui s'étend sous nos yeux : des bois, des prés, de l'eau,
Des vignes en festons, l'azur des Pyrénées,
De neige ou de brouillard leurs cimes couronnées.

Mais silence : voici Bétharam le saint lieu,
Sanctuaire béni de la mère de Dieu;
Le prêtre est à l'autel, prions : Que cette messe
Du bonheur et du ciel pour tous soit la promesse.
Tous nos amis absents, Seigneur, nous les nommons.
Et maintenant, Jésus, venez, nous vous aimons!
Nous voulons nous laisser conduire dans la voie
Qui vous plaît, qu'elle mène aux pleurs ou vers la joie.

Ce jour il est passé, mais aux jours qui suivront
Ses souvenirs toujours au fond du cœur vivront.

28 mai 1852.

III

UN PÈLERINAGE VENDÉEN

Le ciel était sévère et sombre,
Comme nos pensers soucieux,
Mais de cet horizon plein d'ombre
Jaillissait un rayon des cieux.

Il tombait sur un sanctuaire
Cher à tout enfant vendéen :
La silhouette de lumière
Défiait le dôme d'airain.

Nous entrâmes dans la chapelle,
Inquiets et désespérants,
Mais bientôt la clarté fut telle
Qu'elle changea nos sentiments.

Une héroïne, une martyre
Avait prié là maintes fois,
Et du ciel semblait nous sourire,
En nous montrant le fils des rois.

C'était l'éternelle Espérance
Qui se lève sur les tombeaux;
C'était la gloire de la France
Sortant du sang de ses héros.

Nous laissâmes donc la chapelle,
La vision avait pâli;
Mais la communion fut telle
Que jamais n'en viendra l'oubli.

A Clisson.

IV

IL Y A LOIN DE LA COUPE AUX LÈVRES

PETER.

Gretchen ! C'est près de toi que j'attendrai mon sort,
Ce sort qui doit fixer le bonheur de ma vie,
Ou me faire tout perdre en perdant mon amie,
Et ne me plus laisser d'asile qu'en la mort.

GRETCHEN.

Ami ! Je souffrirai plus que toi si tu tombes !
Ton génie et ton art sauront te consoler,
Mais moi je n'aurai plus que mes yeux pour pleurer.

Ami, du même coup je meurs si tu succombes.
Mais pourquoi tremblons-nous? N'es-tu pas le premier
　　　Parmi tes frères d'atelier?

PETER.

Mais mon talent n'est rien, rien aux yeux de ton père :
C'est le succès qu'il veut, et tu sais si mon art
De l'injustice humaine a souvent une part!
Ton père est dur, Gretchen, sa sagesse est sévère.

GRETCHEN.

Que veux-tu, mon Peter, il n'a pas comme nous
Sucé l'art et le beau sur le sein de sa mère,
Trempé ses doigts d'enfant dans des tons chauds et doux
Ou bercé son sommeil d'un refrain de trouvère.
Ta mère était artiste et tenait le pinceau
Aussi bien que ses sœurs maniaient le fuseau;
La mienne n'avait pas de fête plus aimée,
De passe-temps plus doux, de repos plus charmant
Que d'entendre aux saints jours l'orgue de Saint-Laurent,
Et d'y mêler son chant, son âme et sa pensée.

Ce fut là que nos cœurs apprirent à s'aimer ;
      Ce fut là, sous les saints portiques,
      Aux échos des divins cantiques,
En voyant sur l'autel les cierges s'allumer,
      Que nos âmes s'habituèrent
Ensemble à s'inspirer, à rêver, à prier,
Et que dès notre enfance elles se fiancèrent.
Dès lors je te donnai mon esprit tout entier.
Tandis que t'inspirant de ces divins modèles,
Sous l'œil et sous l'amour de ta mère et de Dieu,
Toi, tu représentais l'archange aux blanches ailes,
L'azur du paradis ou l'enfer tout en feu,
Moi je joignais ma voix à la voix de ma mère :
Toutes deux confondant notre ardente prière,
Nous demandions à Dieu de bénir nos efforts,
Nos frères, nos amis, la terre tout entière,
Les souffrants, les méchants, à leur heure dernière,
Les mondes ignorés, les vivants et les morts,
Tout ce que l'on désire au printemps de la vie
Tout ce que l'on est sûr d'obtenir quand on prie,
Et que l'on est enfant, et qu'on n'a pas souffert !
O foi des jeunes ans, malheur à qui la perd !

Une autre foi plus grande, et plus belle, et plus forte,
Vient peut-être la remplacer;
Mais des illusions la joyeuse cohorte
Avec elle va s'envoler.

PETER.

Mais nous la garderons longtemps
Cette foi de nos premiers ans.
Oui, c'est à cette source pure
Du génie et de l'art chrétien,
De la belle et grande nature,
Du travail courageux et de l'amour du bien,
Que se puisent et s'alimentent
Et les sentiments vrais et les amours sans fin :
Les autres ne sont rien. Ils disent : J'aime ! — Ils mentent.
Ce mot-là ne naît pas d'un serrement de main,
Au faux éclat d'un lustre, au son d'un vain orchestre.
Ces amours sont d'un jour ou d'une année au plus,
Ils passent comme ils sont venus.

. . . .

Nuremberg.

V

CIMIEZ

AU COUVENT DES FRANCISCAINS

Un chêne vert, une arcade mousseuse,
Un néflier ployant sous ses fruits mûrs,
Un pan du ciel, blessure lumineuse
Faite aux flancs gris et sombres des vieux murs.

Un jeune moine à la fraîche tonsure,
Grave et penché sur le puits, dont le fond,
En reflétant le ciel et la nature,
Doit désormais être son horizon.

Un son de cloche émue et recueillie,
Un géranium d'or et de flamme ardent,
Une prière au tombeau d'Ophélie,
Devant la mort un saint apaisement.

Et ce fut tout. — Cette fin de journée
Sur mon chemin ardu, pierreux, obscur,
Fit un trou clair, lumineuse échappée,
Toute semblable à celle du vieux mur.

VI

LE TEMPLE D'AULNAY

A Charles de Chambrun.

La voûte du ciel est le dôme,
Les chênes sont les chandeliers ;
Il a pour encens et pour baume
Les parfums des genévriers.

Le temple était muet et vide ;
Mais voici que l'air a frémi :
Pour l'emplir d'un divin fluide,
La voix d'un enfant a suffi.

Cette voix est celle d'un ange,
Et d'un homme tout à la fois :
Elle a la force et la louange,
Et se mêle au souffle des bois.

Écoutez! Du lieu que le Maître
En sa majesté se créa,
L'enfant est l'oracle, et le prêtre :
Il a parlé, Dieu répondra.

VII

UNE CAGE

On dit que nous demandons grâce,
Et voulons, à travers l'espace,
Reprendre un vol audacieux? —
Non pas, car nous sommes heureux,
Notre chaîne nous est légère,

Notre prison est volontaire :
Certes mieux vaut un joug aimé
Que vivre seul en liberté.

VIII

A L'OBSERVATOIRE DE NICE

Le monde est grand sans doute, et le ciel est sans fond :
Une chose est plus grande encore que le monde :
L'homme qui peut d'un bras atteindre l'horizon,
Dans le creux de sa main tenir la terre et l'onde,
Dans son regard intense arrêter l'astre errant,
Définir l'infini, résoudre le problème,
Condenser la lumière et mesurer le vent,
Redresser la nature, et juger Dieu lui-même.

IX

BÉATRIX

> *Beatrice tutta nell' eterne vuote*
> *Fissa con gli occhi stava; ed io in lei.*
> DANTE.

Ainsi que Béatrix en regardant les cieux
Y portait du poète et le cœur et les yeux,
Nous, l'âme et le front haut, regardons la Madone :
Elle nous montrera la sphère où l'on pardonne,
Où, séparés un jour, à jamais on se voit,
Où l'on aime, où l'on prie, où l'on chante, où l'on croit.

X

A UNE JEUNE FILLE

Quand Marguerite à Faust eut ouvert sa jeune âme,
Un sanglot s'entendit jusques au fond des airs :

C'était l'ange, gardien de sa gloire de femme,
Qui remontait aux cieux avec des pleurs amers.

Quand Thérèse à son Dieu se donna tout entière,
Un cri de désespoir retentit aux enfers ;
Un cri de joie au ciel, de regret sur la terre :
L'âme, dès ici-bas, avait brisé ses fers.

Quand Blanche à son époux eut consacré sa vie,
Et qu'elle lui donna, comme gage, ce fils
Qui devait être un jour le saint de la patrie,
Ce fut fête ici-bas, et fête au paradis.

Trois chemins devant vous sont ouverts, jeune fille,
Trois femmes sont auprès, qui vous tendent la main :
Marguerite, Thérèse, ou Blanche de Castille,
Laquelle suivrez-vous, et quel est le chemin?

L'un arrive bien haut, mais la route est austère;
L'autre, semé de fleurs, cache l'abîme au fond.
Alors vous vous direz : « Lequel a pris ma mère? »
Et vous suivrez ses pas à l'ombre du vallon.

XI

POUR LA *ROMA SDEGNATA*

DE M. HÉBERT

Oui, je te foule aux pieds, Rome antique et chrétienne,
Je jette ta poussière aux quatre vents des cieux ;
Ta gloire de martyre ou ta grandeur païenne,
Je réduis tout en poudre, et tes saints et les dieux.

Sur ton sol profané j'étends ma griffe avide,
J'écrase tes palais, j'arrache tes cyprès,
Et je m'installe en roi dans cette Rome vide :
Je suis maître du monde et m'appelle Progrès.

XII

J'étais assise au même autel,
Il y brûlait la même flamme ;
Le parfum en est immortel,
Car le calice en est mon âme.

Et la lueur du sanctuaire
S'éteindrait dans sa lampe d'or,
Que dans mon urne funéraire
La flamme brûlerait encor.

XIII

UN AVANT-GOUT DU CIEL

J'entends parler souvent d'un « avant-goût du ciel » :
Si l'hysope toujours n'était mêlée au miel,

Hier, je l'aurais eu dans la Sainte-Chapelle,
Sous ces arceaux légers et leur fine dentelle
En ce recueillement qui descend des hauts lieux,
Porté sur les échos de l'orgue au ton sévère.

. . . .

XIV

PIERRE ET MADELON

Un jour, — ah! comme il faisait bon! —
C'était au bord de la rivière ;
Il me dit : « Bonjour, Madelon. »
Je lui répondis : « Bonjour, Pierre. »

Depuis ce jour, chaque matin
Il revint chercher sa bergère.
Mais un jour j'attendis en vain :
Il était parti pour la guerre!

Nous nous étions dit tout du long,
En deux mots, toute notre affaire :
« M'aimez-vous, bonne Madelon?
— Je vous aime, mon ami Pierre. »

L'autre jour, j'entendis mon nom :
C'était le vent dans la bruyère.
Le pinson disait : Madelon!
La mésange répondait : Pierre!

On a parlé de trahison? —
En vérité je n'y crois guère.
Il m'a dit : « Chère Madelon! »
Et je crois en mon ami Pierre.

Je l'attends! mais le temps est long;
J'ai tant pleuré la nuit dernière!
Quand entendrai-je : Madelon!
Et quand répondrai-je : ami Pierre?

Mais hier le curé passa :
Il me dit : « Fais bien ta prière,

Et dans le ciel on entendra :

« Bonjour Madelon, — bonjour Pierre. »

XV

AU MONT SAINT-MICHEL

Je voudrais, pour mieux voir les horizons futurs,
Me recueillir un jour à l'abri de ces murs,
Et, fermant mon oreille à tous les bruits du monde,
L'ouvrir au bruit de Dieu, de la nue et de l'onde.

Je voudrais posséder, de ces lutteurs ardents
Qui vinrent défier ici les éléments,
L'âpre résolution et l'austère courage,
Et seule, le cœur haut, achever leur ouvrage.

Et puis, montant toujours, dépassant le sommet,
Et dérobant enfin son éternel secret

A l'au-delà des cieux que me montre l'Archange,
Des mondes secouer la poussière et la fange,
Et pour aller à Dieu n'avoir qu'à m'endormir,
Qu'à regarder le ciel, et me laisser mourir.

XVI

HÉLIOS

Je viens de la hauteur sereine
Où le Maître des dieux voulait me retenir.
Je lui dis : J'ai là dans la plaine
Un ami qui m'attend et qui ne peut venir.

Il m'appelle aux régions humaines,
Mais là brillent pour moi la lumière et la foi ;
Car si ses pieds ont quelques chaînes,
Son âme est sans entrave, et va plus haut que toi.

Photogravure Braun Clément & Cie.

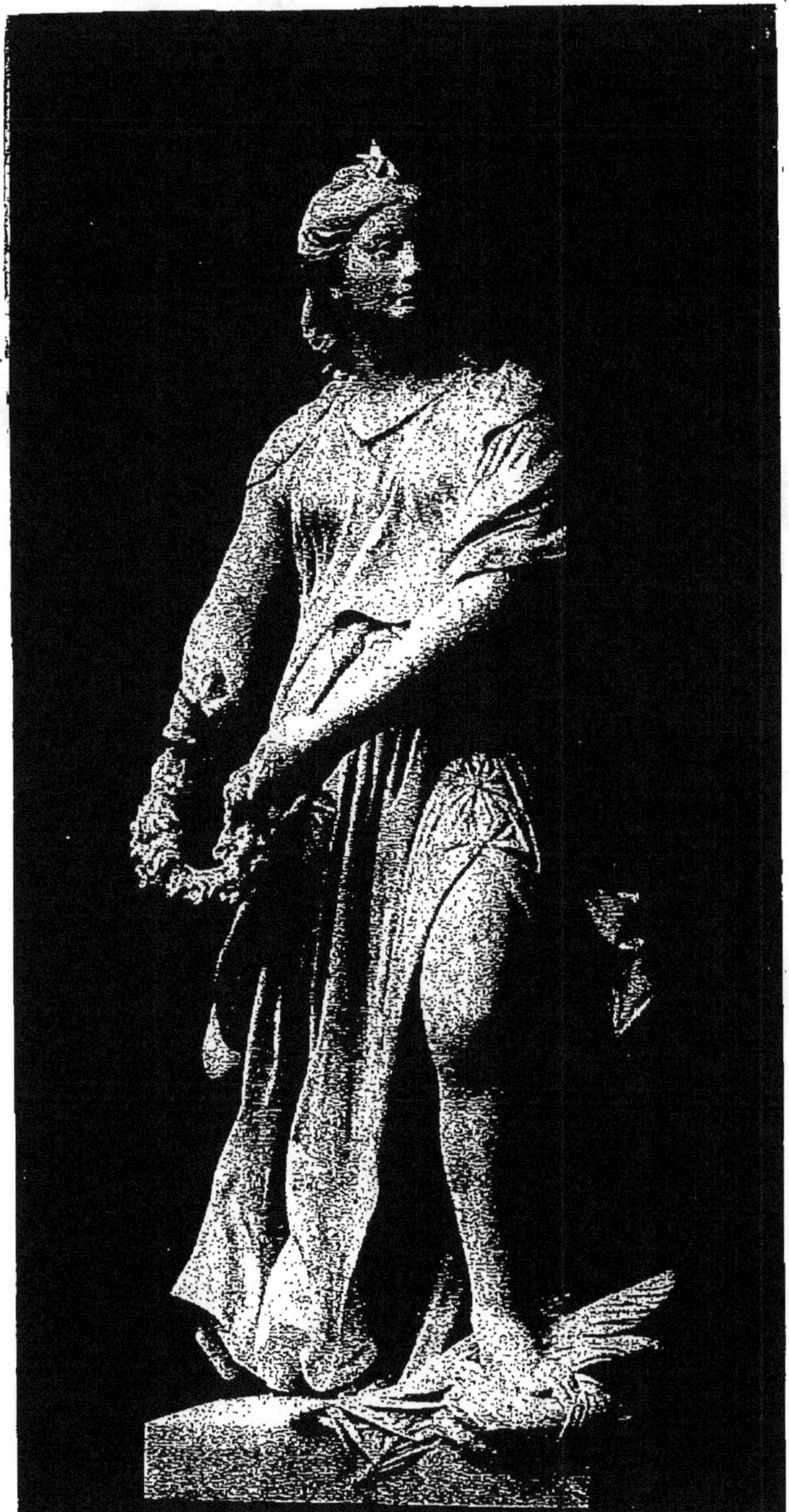

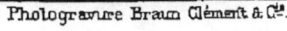

XVII

VENISE

> *Nessun maggior dolore,*
> *Che ricordarsi del tempo felice.*
> *Nella miseria.*
>   DANTE.

J'étais belle, adorée, heureuse ;
Le lion me servait d'appui ;
Le soir j'étais folle et rieuse :
Je pleure et je dors aujourd'hui.

Les perles formaient ma couronne,
Au monde je dictais mes lois ;
J'étais assise sur un trône,
  Et je suis sous les pieds des rois.

Naguère, les premiers génies
Ornaient les murs de mes palais ;
J'avais les muses pour amies :
Les muses ont brisé leur lyre, et je me tais.

Sur un vaisseau d'or et d'ivoire,
Le sceptre en main, le front chargé de fleurs,
J'étais souriante en ma gloire :
Je me souviens, et je cache mes pleurs.

Sur les mers dont j'avais l'empire
Je vis mes étendards flotter ;
J'ai pour sceptre aujourd'hui la palme du martyre,
Et j'entends mes enfants pleurer.

L'encens et la myrrhe des Mages
A mes pieds étaient apportés,
Et pour moi montaient aux nuages ;
Mais leurs parfums y sont restés.

Jadis la Grèce et l'Arabie
M'offraient leurs plus riches présents

Pour embellir ma noble vie :
Hélas ! aujourd'hui je me vends.

J'avais pour moi toutes les gloires :
Les arts enivraient mes esprits,
Et je remportais des victoires ;
Mais tous mes lauriers sont flétris.

Je savais gagner des batailles,
Mes enfants étaient des héros.
J'ai vu s'étioler ces fruits de mes entrailles,
Et je n'ai plus que leurs tombeaux.

Ma jeunesse fut un délire
D'orgueil et de félicité ;
Je n'ai plus qu'un pâle sourire,
Triste reflet de ma beauté.

Mon front brillait de pierreries,
La pourpre teignait mes manteaux
Chargés d'or et de broderies :
Et mes robes sont en lambeaux.

Jeune, je fus de l'Italie
La perle qui la fit pâlir ;
Aujourd'hui, belle encore en ma mélancolie,
Sur mon sort je l'entends gémir.

De mes bagues de fiancée
Les dauphins au fond de la mer
Ont fait une chaîne pressée,
Dont le dernier anneau n'est pas d'or mais de fer.

Autrefois j'étais grande et forte,
Ardente au choc, à l'action ;
Aujourd'hui je suis froide et morte ;
J'attends la Résurrection !

De l'Adriatique à la Crète,
Mon lion s'asseyait aux ports ;
Sur son marbre il penche la tête ;
Respectez le sommeil des morts.

Je fus reine et je suis captive ;
Mes couleurs brillaient au soleil ;

La chaîne au pied, je m'endors sur la rive :
Patience ! viendra le réveil.

Ce peut être un réveil terrible,
Celui du lion irrité,
Qui garde, sous son air paisible,
Un peu de sa férocité.

Adieu l'or, adieu les couronnes,
Au revoir, chère Liberté !
Qui sait combien ébranlera de trônes
Le souffle du prochain été ?

Juillet 1865.

XVIII

J'AVAIS UN NID

J'avais un nid! J'avais un nid!
Après des jours chargés de pluie,
Je m'y reposais, bien blottie,
Près d'une mère ou d'un ami.

Je n'ai plus de nid! plus de nid!
Je veux voler : ailes brisées!
Je m'accroche aux branches cassées;
Plus de mère, hélas! Plus d'ami!

Je veux un nid! Je veux un nid!
Malgré mon aile fracassée,
Je veux monter vers l'Empyrée :
Là seront la mère et l'ami!

Des amours qu'enfantent les nids
La chaîne, un instant déliée,
A jamais sera renouée
Aux champs de paix du Paradis.

XIX

Tandis que vous foulez la feuille jaunissante
De votre pas précipité,
Et que vous poursuivez la chevrette innocente
Qui voit fuir son dernier été,

Je me recueille au sein de la grande nature,
Je regarde vivre les bois,
J'écoute avec respect leur auguste murmure,
Et leur mystérieuse voix,

Et l'hymne qu'elle chante à mon âme attendrie,
Toute de parfums et de fleurs ;
Et j'oublie un instant les soucis de la vie,
Pour en aspirer les senteurs !

XX

A LA LOZÈRE

Des accents trop émus ont fait couler nos pleurs ;
Nos pieds se sont lassés à marcher sur des fleurs ;
On nous a murmuré des paroles trop bonnes ;
Nos têtes ont fléchi sous le poids des couronnes.

Mais nos cœurs sauront bien porter tout cet amour,
Puisqu'ils ont tant d'amour à donner en retour !

XXI

RENONCEMENT

A un ami.

Oui, comme vous j'étais poète,
J'entretenais un feu sacré ;
L'auréole était sur ma tête
Et la Muse m'avait parlé.

Chantez, dites-vous à ma lyre,
Chantez et pleurez à la fois,
Comme la harpe qui soupire
Crie ou s'endort sous d'invisibles doigts.

Je voudrais, je ne puis, mes ailes sont coupées,
La souffrance et la mort passant sur mon chemin
Ont éteint le flambeau que de mes mains crispées
Je voulais préserver du souffle du destin.

C'est à vous de chanter ; vous narguez la jeunesse,
    Vous qui portez en plein honneur
    Tout un siècle par la sagesse,
    Un quart à peine par le cœur.

    Vous vivez dans une autre vie
Qui puise en vous sa sève et son soleil :
    Pour moi, vivante ensevelie,
Je n'ai plus foi qu'en l'éternel réveil.

    Ma Muse a vécu, courte vie,
    Ignorée, émue, au hasard.
Cette Mina que vous trouvez jolie
    A reçu son dernier regard.

    Mais si j'ai douté pour moi-même,
Si je renonce à ma part du festin,
    Je sais du moins, pour ceux que j'aime,
    Croire et prier jusqu'à la fin.

XXII

LES ERINNYES

Entends ma plainte, ô Dieu d'amour,
Dieu de pitié, Dieu de tendresse,
Rends-moi la lumière du jour,
Rends-moi l'ami de ma jeunesse.

Nous étions assis tous les deux
Sur la roche verte et glissante,
Quand le flot ardent, furieux,
L'arrache à ma main défaillante.

Dieu sans pitié, d'où me vient ton courroux?
Ah! Dieu jaloux!

XXIII

A WILDBAD

Elle était si triste et si pâle
Quand elle s'asseyait à l'ombre du sapin,
Qu'on aurait soulevé la dalle
Qui semblait préparée à couvrir son chagrin.

Cependant un ami, son frère,
Pâle et triste comme elle, et comme elle rêveur,
Un jour, près de la source claire,
Pour la faire sourire a cueilli cette fleur.

C'était une églantine blanche,
Toute pareille à celle, hélas, qu'en un beau jour,
On avait ôtée à sa branche,
Pour en faire un symbole et de paix et d'amour.

L'amour était resté le même,
Mais la joie et la paix n'ont point de lendemain.
Celle qu'entre toutes on aime,
La mère, en s'envolant, les tenait dans sa main.

4 Juillet 1857.

XXIV

J'étais à la même fenêtre ;
Vingt fois le jardin dépouillé,
Avait vu le printemps renaître,
Et moi je n'avais pas bougé.

J'étais à la même fenêtre ;
La même enfant jouait en bas ;
J'ai donc dormi, rêvé peut-être?
J'ai vingt ans, ne m'éveillez pas.

Je suis à la même fenêtre;
Pourtant j'ai souffert, j'ai pleuré;
Qu'importe? Au souffle de mon être,
Je sens que je n'ai pas changé.

Dans vingt ans je n'y puis plus être;
Mais ces enfants qui jouent en bas,
Verront de la même fenêtre
S'essayer d'autres premiers pas.

XXV

ÉPILOGUE

Après la représentation au château de Carcil, en Normandie,
de : *On ne badine pas avec l'Amour*, et *Le Roman d'un jeune homme pauvre*.

Elle est morte, il est vrai; mais croyez-vous, Mesdames,
Qu'elle eût mieux aimé vivre et n'avoir point aimé?
    Vous dont le cœur est animé
    D'un souffle pur, de saintes flammes,

Vous, enfants d'une terre où germent les grands cœurs,

    Où les Pallas et les Muses sont sœurs,

Vous, enfants de Guillaume et frères de Malherbe,

Vous ne la plaindrez pas ; qui sait ? vous l'envierez.

    Quand vous lirez son nom sur l'herbe,

Avec votre poète, émus, vous redirez :

« Elle était de ce monde où les plus belles choses

    « Ont le pire destin,

« Et Rose, elle a vécu ce que vivent les roses,

    « L'espace d'un matin. »

Ce matin dure encor, la mort est défiée,

Car Malherbe, d'un mot, la conjure en passant,

    Et ses larmes sont la rosée

    Qui fait vivre éternellement :

    Nous ne l'avons pas oubliée,

    La Rosette qu'il a pleurée.

N'oubliez pas non plus la nôtre : elles sont sœurs,

    Toutes deux filles du Génie

Et de celle qu'on nomme ici-bas Poésie :

Martyre de l'amour, elle a droit à vos pleurs,

    Et vivra dans votre mémoire,

    Ainsi que vivent dans l'histoire

Les héros morts au champ d'honneur.
Elle repose en votre cœur.
Mais voici qu'une autre Rosette,
La Rosette chrétienne apparaît ici-bas ;
Celui qui l'enfanta c'est toujours le poète.
On dit qu'il est parti ; non, ne le croyez pas :
Il est là, parmi vous ; mais touché de la grâce,
Chrétien, transfiguré, s'élançant dans l'espace.
Le souffle de l'ange déchu
N'a jamais effleuré son aile ;
Ce n'est plus lui ; — cependant je l'ai vu.
C'est que, comme naguère, avec la foi nouvelle,
Un nom nouveau, consacré, se donnait
Sous les saintes eaux du baptême ;
Son nom, à lui, n'est plus le même.
Il s'appelait Musset : il se nomme Feuillet.

XXVI

SÉRÉNADE A ROSETTE

Laisse la fleur de ta coiffure
Embaumer l'air autour de toi,
Et le ruban de ta ceinture
Flotter au vent tout près de moi,
Et la perle de ta couronne
Effleurer mon front soucieux,
Et la larme que le cœur donne
Sur mon cœur tomber de tes yeux.

Peut-être un jour sous ton empire
Verra-t-on pour moi se changer
Et cette larme en un sourire,
Et cette perle en un baiser.
Adieu ! — tu fermes ta fenêtre,
Mais nos âmes se chercheront,
Et vers le ciel un jour peut-être
Comme deux sœurs s'envoleront.

XXVII

Avril est de retour;
La première des roses,
De ses lèvres mi-closes,
Rit au premier beau jour.

La terre bienheureuse
S'ouvre et s'épanouit;
Tout aime et tout sourit.
Hélas! j'ai dans le cœur une tristesse affreuse!

Les buveurs en gaîté
Dans leur coupe vermeille
Célèbrent sous la treille
Le vin et la beauté.

La musique joyeuse
Avec leur rire clair

S'épanouit dans l'air.
Hélas! j'ai dans le cœur une tristesse affreuse!

En de frais habits blancs,
Les jeunes demoiselles
S'en vont sous les tonnelles,
Aux bras de leurs galants.

XXVIII

Flore un jour parmi les bleuets
Ornait une tunique neuve;
Elle parsemait de bouquets
Les plis de sa robe de veuve.

Une nymphe vint à passer :
— Zéphyre est-il donc mort? dit-elle.
— Hélas! il me le faut pleurer :
Aquilon lui fracassa l'aile.

— Les pleurs ne vont point à votre œil,
O déesse; à votre visage
Ne va point la robe de deuil
Faite pour autre taille, autre âge.

En effet, il vous faut des fleurs
Jusque dans les plis funéraires,
Et dans vos yeux je vois les pleurs
Céder aux Ris qui sont vos frères,

Comme un doux rayon de soleil
Sèche la goutte de rosée
Qui sur le pétale vermeil
Formait une teinte irisée.

Vous êtes faite pour sourire :
Allez donc demander aux dieux,
Ou de ressusciter Zéphyre
Ou de vous rendre un amoureux.

XXIX

MONCADE

Petite Jeanne aux blonds cheveux,
Que saint Jean d'été te protège!
Que l'Espérance et son cortège
Illuminent tes doux beaux yeux!

Bientôt viendra saint Jean d'hiver :
Ah! qu'à son tour il te bénisse,
Et que sur ton front resplendisse
Le rayon du divin éclair.

En attendant, sois le parfum,
La clarté de mes heures sombres;
Que ta grâce efface les ombres :
Lumière et bonheur c'est tout un.

XXX

UNE PLAINTE

Pourquoi le Dieu qui me créa
Fit-il, en m'animant, tomber dans ma poitrine
L'étincelle divine
Qui me consumera?
Pourquoi suis-je le feu que Salamandre habite?

Pourquoi sens-je mon cœur se plaindre et s'étonner,
Ne pouvant contenir ce rayon qui s'agite,
Et qui, venu du ciel, y voudrait retourner?

Je crois que j'ai souffert tout ce qu'on peut souffrir!
. . . .

XXXI

JULIETTE CONNEAU

Ma plume n'a rien à vous dire ;
J'ai d'autres armes pour charmer :
J'ai ma voix et j'ai mon sourire,
Qui vous font rêver ou pleurer.
Circé, la Malibran, ont leur sceptre ou leur lyre
Pour fasciner le monde et pour le gouverner ;
Les prêtresses de l'art ne daignent pas écrire :
Elles savent chanter, aimer, se faire aimer.

XXXII

L'ANÉMONE LILAS

En souvenir de Mathilde.

Elle aimait les teintes discrètes
Et fragiles, comme elle, hélas!

Anémones et violettes,
Et ne portait que du lilas.

Elle était douce, fière, aimante et recueillie,
Du pauvre et du souffrant la servante et l'amie;
Trop pure pour rester longtemps en ces bas lieux,
Elle a rouvert son aile et regagné les cieux.

Mais dans son vol suprême une main l'a guidée;
Celle qui dans ce monde un jour l'a présentée
La remporte avec elle, et les deux âmes sœurs
Mêlent leur délivrance, ayant mêlé leurs pleurs.

Une auréole d'or se pose sur leurs têtes;
Un sillon lumineux se trace sous leurs pas.
Elle aimait les teintes discrètes,
Et ne portait que du lilas.

XXXIII

LE LISERON ROSE

En souvenir de Louise.

Pourquoi l'aimais-je tant? Un seul mot le dira.
  Pourquoi me fut-elle si chère?
Son front et ses discours la grâce décora :
  Elle ressemblait à ma mère.

Elle était rose et blanche, et son âme d'enfant
  S'épanouissait sur sa lèvre;
Elle était belle et bonne, et son cœur indulgent
  De la haine ignorait la fièvre.

Cependant de cet être élu pour le bonheur
  On avait fait une martyre!
Et bien souvent j'ai vu cet ange de douceur
  A la fois pleurer et sourire.

Enlaçante et fragile, elle a besoin d'appui :
    On rejette sa fleur pâlie.
Sensitive blessée, elle est à leur merci ;
    On l'a touchée... elle est flétrie.

Elle était du jardin où les plus belles fleurs
    Durent l'espace d'une aurore ;
Elle devait fléchir au souffle des douleurs,
    Et sous l'oracle d'Épidaure.

Il est une vallée où le dur aquilon
    Ne peut plus briser ses lianes :
C'est là que refleurit le frêle liseron,
    A l'abri des regards profanes.

XXXIV

LA CAMPANULE

Sais-tu le joyeux carillon
Que me chante la campanule ?

C'est l'espérance, l'horizon,
Qui s'ouvre à l'enfance crédule.

Hélas que loin est la chanson !
Le gai soleil est crépuscule ;
Ce n'est plus pour moi la saison
De clochette ni renoncule.

C'est le soir, l'hiver sans rayon,
Et le chagrin, leur triste émule,
Et je n'ai plus pour vision
Que la plus étroite cellule.

XXXV

UN ARC EN CIEL

A de courageux explorateurs.

Je veux sourire et non pleurer !
C'est de soleil et non de pluie

Qu'a besoin la fleur de laurier
Que bientôt vous aurez cueillie.

Non, non, je ne veux pas pleurer,
Cependant mon regard se voile :
Sans guide je vais m'égarer,
Car je ne vois plus mon étoile !

De mon sourire et de mes pleurs
Va naître l'arc d'heureux augure,
Qui conduira les voyageurs
Vers la gigantesque aventure.

Je vais pleurer, je vais pleurer...
Contre le deuil et les alarmes
Mon âme ne peut plus lutter :
Le sourire est mort dans les larmes.

XXXVI

ENCOURAGEMENT

LE PHILOSOPHE.

Pourquoi, cœur inquiet, fléchis-tu sous ta peine ?
O poète, pourquoi ces pleurs ?
De nectar cependant ta coupe semble pleine,
Et ton chemin couvert de fleurs ?

LE POÈTE.

Les fleurs de mon chemin recouvrent tant d'épines
Que mes pieds en sont en lambeaux.
Ma coupe n'a qu'au bord de ces gouttes divines,
Et mes chants sont faits de sanglots.

LE PHILOSOPHE.

Qu'importe, ô mon poète ? Un accord de ta lyre,
Comme une larme de tes yeux,

Comme le chant brisé qui sur ta lèvre expire,
    Sont des perles tombant des cieux.

Tu l'as dit quelque part, la fleur que tu cultives
    « S'arrose de pleurs et de sang »,
Mais tu l'as dit aussi, ses forces sont si vives
    « Qu'elle s'élance au firmament ».

O poète, sois donc à ton culte fidèle,
A ta foi, tes douleurs, et tes hautes amours,
Quels que soient les autans, n'abaisse point ton aile :
Souffre, crois, prie, espère, aime et chante toujours.

Poète, ceins tes reins de l'écharpe sacrée,
Recueille-toi, prélude, et puis lève les yeux :
    Sur la harpe l'hymne ébauchée
    Ira s'achever dans les cieux.

XXXVII

AUX HEUREUX PARENTS

DE MAGALI, CATHERINE ET SUZANNE

Les empires peuvent crouler,
Les républiques disparaître,
Les gouvernements s'effondrer
Et mourir avant que de naître ;
Les royautés et les tribus
Tomber en quenouille ou poussière,
Que vous importe à vous, élus ?
Un écho de la sainte sphère
Vibre sur chacun de vos jours :
Magali chantera toujours.

Ce qui fit de l'humanité
Le charme et la grâce touchante,

La foi, l'art, la fidélité,
La flamme audacieuse, ardente,
Les tristesses, les jeux, les ris,
Tout peut s'en aller en fumée,
Que vous importe à vous, bénis ?
Votre paix n'en sera troublée ;
Un ange veille sur vos jours :
Catherine prîra toujours.

La longue chaîne des douleurs
Peut-être vous atteindra-t-elle,
Mais vous sourirez sous les pleurs
Comme l'oiseau qui bat de l'aile
Sous la pluie et sous les autans ;
Tout est triste, sombre, éphémère,
Que vous importe à vous, parents ?
Un rayon de pure lumière
Luira sur vos nuits et vos jours :
Suzanne sourira toujours.

XXXVIII

A UN JEUNE HOMME

Vous avez le culte du beau :
Dans l'angoisse et dans la tourmente,
Qu'il vous tienne le cœur en haut,
L'esprit sain et l'âme vaillante.

C'est un Dieu sévère et jaloux,
Soyez-en le prêtre fidèle,
Vers ses temples envolez-vous,
Ne reployez jamais votre aile.

Qu'il se nomme Phidias, Mozart,
Shakspeare, Platon, Bach ou Dante,
C'est lui, c'est l'idéal, c'est l'art :
Je le salue et je le chante.

XXXIX

Que m'importe après tout que la course s'achève :
Votre main inscrivit mon nom
Sur la neige des monts, le sable de la grève,
Et le marbre du Parthénon.

XL

ALTAUSSEE

Je sais bien pourquoi,
En pensant à moi,
L'acier d'une lame
Transperce votre âme.

Je sais bien pourquoi,
En priant pour moi,

Votre cœur se serre
En votre prière,

Et pourquoi ma main,
Sur votre chemin,
A mis la tristesse,
Et la fleur qui blesse.

C'est que l'Idéal
Que, d'un cœur loyal,
Nous cherchons ensemble
Et qui nous rassemble,

N'est point ici-bas,
Et qu'il faut, hélas !
Pour enfin l'atteindre,
Souffrir sans se plaindre.

Et se séparer,
Pour se retrouver
Bien loin de la terre,
En pleine lumière.

XLI

LE LAC DE GAUBE

Salut à ce beau lac, à cette eau si profonde,
A ce ciel vaporeux, à ces rochers déserts,
A ce séjour de paix où s'oublie et le monde,
    Et ses soucis et ses revers !

A toi salut aussi, gigantesque hauteur
Où le soleil respecte une neige éternelle,
Qui glace le regard sans refroidir le cœur :
    Il voudrait s'élever vers elle.

Si l'on se sent petit devant tant de splendeur,
L'âme pourtant s'affirme élevée et grandie :
Ainsi devant son Dieu notre esprit s'humilie,
    Mais l'espoir dilate le cœur.

Salut à ce tribut de regrets douloureux
Que l'on doit à celui qui, dans cette eau profonde,
Chercha la fin des maux dont notre terre abonde,
    Et mourut accusant les cieux !

Poète, ange déchu, dont l'âme s'est flétrie
Au souffle impur du monde, ah ! reprends ton essor !
Viens retrouver ici l'inspiration tarie :
    Ici tu chanterais encor.

Te reverrai-je, ô lac ? Je te fais mes adieux !
Les siècles détruiront toute chose fragile ;
Mais toi tu resteras immuable et tranquille,
    Et reflétant l'azur des cieux.

XLII

LA CHARTREUSE DE PESIO

Il vaut mieux à jamais ignorer la lumière
    Dont le rayon nous éblouit,

Plutôt que d'entrevoir sa clarté passagère,
    Et de retomber dans la nuit.

Plus sombre en est le ciel, et noire l'avenue
    Illuminée un seul instant,
Quand l'éclatante flèche a traversé la nue
    Et qu'a disparu l'astre errant.

Le poète l'a dit : « Il n'est pire souffrance... »
    Et je le redis avec lui :
Bien plus profonde encore est la désespérance
    Après que l'espérance a lui.

Aussi, bientôt lassé, la marche défaillante,
    Je tomberais sur le chemin,
Si bien loin dans la nuit une étoile tremblante
    Ne souriait au pélerin.

Est-ce déjà le ciel, est-ce encore la terre?
    Quand l'atteindrai-je? Je ne sais;
Mais elle me suffit; tout meurt, tout est mystère,
    Dieu reste, — et c'est assez.

XLIII

SUR NOS TERRASSES

LE COMTE A LA COMTESSE.

Nice, 1er Décembre 1890.

Cette rose avait froid ; elle a fermé sa feuille,
Célé son doux parfum, puis elle se recueille :
Août, onze, jeudis : elle pense au passé ;
Elle murmure un nom, et plaint le délaissé.

RÉPONSE.

Ma sœur, pourquoi donc as-tu froid?
Pourquoi fermes-tu ton calice?
« Août, onze, jeudis, » — c'est moi :
Tu murmures « Lons », je dis « Nice. »

Bientôt nos pieds ne feront qu'un
Sur la même blanche terrasse,
Et, pour s'unir à ton parfum,
Mon parfum traverse l'espace.

.

Nice, 30 Décembre 1890.

Un mois s'est accompli, rien n'est venu pour elle :
Ainsi qu'une colombe a caché sous son aile
Sa tête endolorie et meurt, elle a vécu :
L'absence était trop longue, et son cœur méconnu.

RÉPONSE.

La pauvre rose blanche a fermé son pétale ;
De trop rudes hivers ont sur elle passé :
Mais elle reste blanche, et, comme une vestale,
Garde dans son calice un feu pur et sacré.

XLIV

L'ART ET LA NATURE

De divines harmonies
S'échappent de tous les cœurs,
Sortent de toutes les vies
Des étoiles et des fleurs.

La paix et la confiance
Se tiennent par les deux mains :
Ainsi la vague balance
Un couple d'oiseaux marins.

Quand le charme et la magie
Des sons et de la beauté
Ont inspiré le génie,
Tous les mondes ont chanté.

Des nuages se dégage
Une éclatante clarté
Dont le flambeau d'âge en âge
Passe en la postérité.

Chantez donc, âmes choisies,
Chantez la nature et l'art.
Des vertus toutes unies
Portez bien haut l'étendard.

XLV

POUR LE SOCLE D'UNE VICTOIRE AILÉE

C'est de bronze en effet qu'est faite la couronne
Que la Renommée offre au Maître triomphant.
Son nom comme son œuvre en les siècles résonne :
« Ce que Gounod chanta vibre éternellement. »

XLVI

UNE BRANCHE DE JACINTHE ROSE

Elle se consolait d'avoir été cueillie
En voyant sur quel front elle allait refleurir.
Et relevant sa tige un instant alourdie,
Elle se faisait belle afin de l'embellir.

Celle à qui cependant s'adressait son hommage
Avait l'air inquiet, soucieux, hésitant :
Elle attendait quelqu'un, un guide, un jeune sage,
Qui décidait en tout du sort de cette enfant.

Elle épiait son pas ; mais elle a cru l'entendre :
« Nous allons à ce bal, dit-elle, vois ces fleurs,
Vois, dans mes cheveux noirs, leur teinte fine et tendre. »
Et ses yeux ajoutaient : « Elles sont bien mes sœurs. »

Mais lui hocha la tête, une tête pensive,
Qui semble dire au monde, où plane son regard :
« Je sacrifierais tout à ma jeune captive,
« Mais je me dois au bien, à la science, à l'art. »

La Jacinthe pencha de nouveau sur sa tige,
Et « la jeune captive » elle aussi s'inclina,
Car elle avait subi cet austère prestige
Qui rayonne d'un front que la sagesse orna.

    Elle avait immolé son rêve
    Sur un pieux et pur autel,
    Et montré que la fille d'Ève
    Est aussi la fille du ciel.

« Hé bien ! vous les mettrez pour lui seul, » dit l'amie
Qui dans l'ombre écoutait émue, et regrettait,
Pour peindre cette scène intime et recueillie,
Le pinceau d'un Hébert, la plume d'un Feuillet.

Mais soudain dans ses yeux une ombre se réveille;
Dans ce calice pur, qu'a-t-elle donc revu?

A vingt ans de distance une scène pareille :
Le lieu, l'heure, le cadre, elle a tout reconnu.

Dans son froufrou neigeux, sur un lit étalée,
Une robe de gaze auprès d'un bouquet blanc,
Un palais, un beau front tout chargé de pensée,
Un regret, un sourire, un reproche, un élan.

C'était l'extase au sein de l'art et la nature.
(L'ange de la famille attendant le retour!)
Les dangers en commun, l'héroïque aventure.
C'était Rome! c'étaient la jeunesse et l'amour!

Une fleur a suffi pour évoquer ces ombres :
« Pleurez, pleurez, mes yeux ; dégonflez-vous, mon cœur ;
Et puis cherchez au fond de ces lointains décombres :
Vous l'y verrez briller, cette éternelle fleur.

  « Soignez-la, car elle est divine,
Arrosez-la de pleurs, de soupirs et de sang.
   Que vous importe son épine?
   Sa tête touche au firmament.

« Elle se nomme Poésie,

S'abreuve tour à tour de nectar ou de fiel,

Se revêt d'idéal ou de mélancolie,

Et monte fleurir dans le ciel.

« Et vous, fleurs, qui deviez orner nos jeunes têtes,

Allez dormir au fond d'un cœur endolori,

Et que votre poussière enfante des poètes. »

La Jacinthe en mourant se consolait ainsi.

XLVII

MINA

Je vous ai vue un jour, Mina,

Je ne vous verrai plus peut-être ;

Mais votre image restera

Gravée au plus pur de mon être.

Votre histoire est simple à tracer :
Vous étiez belle, aimée, heureuse,
Quand la guerre vint à passer,
Fauchant tout de sa main hideuse.

Le héros qui fut votre ami
Est tombé dans sa jeune gloire ;
Votre cœur fermé l'a suivi
Dans la mort comme en la victoire.

Vous vous êtes assise au bord
De cette tombe glorieuse,
Gardienne du corps qui dort,
Fidèle à l'âme bienheureuse.

Vous avez gardé dans sa fleur,
A cette héroïque figure,
L'hommage de votre âme sœur,
De votre vie austère et pure.

Donc, Mina, ne pleurez pas tant :
Vous n'aurez connu ni le doute,

Ni l'âpre désenchantement,
Ni l'hiver que le cœur redoute.

La couronne de fiancée
S'est changée en voile de deuil ;
Mais l'Espérance s'est dressée
Debout, sur ce jeune cercueil.

Et vous êtes encore, hélas !
Bénie entre combien de femmes,
Car si le ciel n'existait pas,
Dieu le ferait pour vos deux âmes.

Adieu, Mina, je vais plus loin,
Mais dans tout mon pèlerinage,
Certes je ne reverrai point,
Un front si pur, un plus touchant visage.

1870.

XLVIII

ÉPILOGUE

Après une représentation du *Conte d'Avril*.

> Hélas! Amour, fais-lui mon mal savoir.
> SHAKSPEARE.

Le mal, hélas! qui nous tourmente
N'est point de ceux qu'ici-bas l'on guérit;
Car la Beauté, notre éternelle amante,
Incessamment se dérobe et nous fuit,
Jusqu'au séjour où, pure et rayonnante,
Elle luira pour nous comme le soleil luit.

Il fallait bien que dans ce sanctuaire
Où la musique, en son maître royal,
Est honorée et n'a plus de mystère,
Le Poëte eût son jour : La Beauté, l'Idéal,

Confondus en un même hommage,

Shakspeare, Beethoven, fêtés d'un même honneur,

Silvio, Viola, jumeaux de cœur et d'âge,

La Poésie et l'Art, eux aussi frère et sœur.

Plus d'une bouche amie a dit: Chambrun, Chambrune?—

J'accepte avec orgueil cette confusion

   Qui nous donnant le même nom,

   De nos deux âmes ne fait qu'une :

Car si l'un est le Prêtre au temple consacré,

   Que le philosophe inspiré

Élève à la phalange éthérée, idéale,

L'autre en est la fidèle, attentive Vestale;

   Et tous deux, de la terre au ciel,

   Dans une fraternelle étreinte,

   Dans une harmonie une et sainte,

   Vers « les Temples de l'Éternel »

   S'acheminent l'âme assurée.

Chantons! pleurons ensemble! Et puis, levons les yeux :

  Sur notre harpe ici l'hymne ébauchée

   Ira s'achever dans les cieux.

Alors passant la torche sainte
A plus ferme et solide main,
Nous nous endormirons sans crainte,
Ayant bien combattu pour le combat divin ;

Car je sens ma voix qui s'éteint,
Et mon chant est le chant du cygne,
Nous avons montré le chemin :
A la jeunesse amie à cultiver la vigne.

XLIX

Je serai l'étranger vêtu d'ombre et de noir,
Seul admis au foyer austère.
Caché sous mon manteau j'apporterai l'espoir :
Je serai la sœur et le frère.

L

PAULINE VIARDOT

Quand le rossignol a parlé,
Tous les chantres des bois se taisent.
Et devant son trille perlé
Toutes rivalités s'apaisent.

Le merle, en toute humilité,
Fait silence jusqu'à l'aurore :
Ainsi, quand vous avez chanté,
Je me tais et j'écoute encore.

LI

D'un cœur léger je cueillis une rose
Trop attirante en son arbre épineux,
Mon faux ami m'a pris la fleur éclose,
Et m'a laissé l'épine pour adieux.

LII

Profond comme la mer et fascinant comme elle,
Son regard m'attendrit et me glace à la fois.
Pure comme les cieux, et comme eux haute et belle,
    D'un frisson me saisit sa voix.

    Elle a laissé dans mon jardin
    La trace de son pas de reine;
    Elle a parfumé le chemin
    De ce charme dont elle est pleine.

    Elle brille plus que la flamme,
    Elle chante mieux que l'oiseau;
    Au fond de son œil est une âme,
    Du ciel sa voix est un écho.

LIII

ELLE ÉTAIT DANS LES CIEUX

Avant que de payer les droits à la nature,
Son âme, s'élevant au delà de ses yeux,
Avait au Créateur uni la créature,
Et, marchant sur la terre, elle était dans les cieux.

LIV

JEANNE D'ARC

Les étrangers étaient chez nous
Aux jours de nos luttes civiles :
Sortant des bois, comme des loups,
Ils pillaient nos champs et nos villes.
  Quand tout semblait perdu,
   Un cri fut entendu.

Survient une fille des champs
Dont on écoutait les oracles :
L'amour du pays en tout temps
Peut faire de pareils miracles.
 Sur le dernier rempart
 Flotte son étendard.

Laissez sur la vigne et les blés
S'abattre l'avalanche noire :
Les plis des terrains ondulés
En garderont longtemps mémoire :
 Où sont leurs bataillons?
 Couchés sous les sillons.

Un peuple n'est jamais conquis
S'il n'est pas vendu par des traîtres :
Bourgeois, paysan et marquis,
Soldats, libres-penseurs ou prêtres,
 Pour le salut commun
 Nous ne faisons plus qu'un.

O terre qui nous appartiens,
Notre berceau, notre génie,

Quand verras-tu régner les tiens
Dans la justice et l'harmonie?
Quand donc trouveras-tu
La paix et la vertu?

1870.

LV

AU BAS D'UNE COUPE ANTIQUE

De la coupe à la lèvre « il y a loin », dit-on.
Eh bien! n'essayons pas d'y toucher sur la terre :
Versons-y tour à tour ou nectar ou poison,
Selon la loi fatale et l'éternel mystère.

Et puis, quand un signe des dieux
Nous dira qu'elle est assez pleine,
Guidés par leur main souveraine,
Nous irons la boire avec eux.

LVI

A EMMA

(UNE PETITE BÊTE A BON DIEU)

Sais-tu ce que ta petite âme
Emporte avec elle au néant,
Et ce que sa petite flamme,
Éteinte d'un souffle de vent,
Avec elle fait disparaître ?
Quatre mois plus durs que la mort,
Quinze jours, des meilleurs peut-être,
Quinze jours d'un doux réconfort,
A Rome, au tombeau des Apôtres,
Au temps passé. — Pour les ravoir,
Je reprendrais bien tous les autres.

Près de toi je viendrai m'asseoir :
Que soit légère à ta poussière

La feuille qu'y porte le vent ;
Que le passereau solitaire
Lui vienne murmurer son chant

Ta petite vie est finie,
La mienne bientôt finira :
Eh bien ! quand je t'aurai suivie,
Fais-moi place, petite Emma ;
Fais-moi place, car il me semble,
En mes trop farouches dédains,
Que je serais mieux sous ce tremble
Que dans le champ des morts humains !

15 juillet 1891.

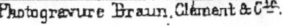

Photogravure Braun, Clément & Cie.

LVII

LA VEILLE DE LA SAINT PIERRE

Laissez-nous nous unir à la famille aimante
Qui vous chérit, vous fête, et vous entoure ici,
Et joindre tous nos vœux à sa prière ardente
Pour que de votre front s'écarte tout souci.

Cette fête pour nous est d'autant plus touchante
Que notre père à nous s'appelait Pierre aussi ;
Je crois chanter pour lui quand c'est vous que je chante.
Ainsi nous le fêtions, et nous l'aimions ainsi.

Il n'est plus ici-bas, Pierre, notre ami Pierre !
Mais il nous en reste un, près de nous, sur la terre :
Qu'il y reste longtemps et qu'il y vive heureux !

Qu'il voie autour de lui grandir ces jeunes têtes
Qui sont ses rameaux verts et ses bouquets de fêtes!
Que la fleur du bonheur pour lui fleurisse en eux!

LVIII

LA LÉGENDE DE LA REINE ODIVA

O blancheurs de cygne et de neige,
O rayonnemens de l'azur,
Route lactée et son cortège,
Qu'êtes-vous auprès d'un cœur pur?

Oncque à celle qui le possède
Il n'est besoin d'argents ni d'ors,
Ni d'une armure de Tolède,
Pour vêtir et garder son corps.

Une nuée éblouissante
L'enveloppe aux yeux des mortels :

Ni regard ni lame blessante
Ne peut percer boucliers tels.

La preuve m'en vient en mémoire.
Voulez-vous l'ouïr, la voilà :
C'est la vraie et touchante histoire
De la vertueuse Odiva.

Humble et douce sous sa couronne,
A Coventry, dans Albion,
Régnait une reine aussi bonne
Que son seigneur était félon.

Le Sire excitait les alarmes
Par des impôts lourds à payer ;
Les mères, sœurs, filles, en larmes
A ses pieds vinrent protester.

Inutiles cris, plainte vaine !
Les pauvres hères à leur tour
Vinrent trouver leur douce reine,
Tourterelle auprès du vautour.

Elle aussi tremblait sous le Maître,
Tout en gardant le front levé ;
Mais pour eux, elle sait soumettre
Son orgueil à sa charité.

Forte de son droit, elle affronte
L'accueil farouche de son roi,
Sachant bien qu'il n'est point de honte
A prier pour d'autres que soi.

« Vos sujets meurent à la peine,
Dit-elle, ô mon maître et seigneur ;
Leur désespoir, voire leur haine,
Un jour nous porteront malheur. »

La voyant si belle et touchante
A ses pieds, les yeux tout en pleurs,
Léofric dit : « Soyez contente :
Je cède à vos charmes vainqueurs. »

Et ce disant, un mauvais rire
Plissait sa lèvre et son sourcil ;

La relevant : « Allez leur dire
Que leur sire fera merci.

Qu'il accorde toute franchise,
Qu'il abolit tous les impôts,
Et qu'en tous points il réalise
Tous les vœux de tous ses vassaux,

A cette condition unique :
La reine sur son palefroi,
Sans autre voile ni tunique
Que sa beauté de bon aloi,

Des vieux remparts de notre ville
En plein midi fera le tour. »
Comme une discorde civile
Un long cri s'élève à l'entour.

Le peuple au chagrin s'abandonne :
« Lors nous n'avons plus qu'à mourir,
Disaient-ils, car il n'est personne
Qui se dévoue à tel martyr. »

Cependant Odiva la sainte,

La pure, la douce, au cœur droit,

Se dit : « Je n'aurai nulle crainte,

Et me fierai dans mon bon droit.

Dieu fera-t-il quelque miracle?

Je ne sais! Mais il saura bien,

S'il veut, faire tomber l'obstacle :

Il est ma garde et mon soutien. »

Puis, elle fait, à son de trompe,

Publier édit souverain

Qui somme que rien n'interrompe

La reine en son triste chemin;

Que par respect, dans sa demeure,

Chacun s'enferme jusqu'au soir,

Craignant que la reine n'en meure,

Si pas un d'entre eux l'osait voir.

Sur ce, pieusement s'arrange,

Et dispose en voile soyeux

Sa blonde chevelure d'ange,
Don qu'elle avait reçu des cieux.

Elle s'avance ainsi parée,
Et frissonnant au moindre vent;
Sur sa plus blanche haquenée
Elle monte le cœur mourant.

Elle franchit la haute porte.
D'un pas frémissant, recueilli,
La fière monture la porte,
Semblant comprendre le défi.

Les vents retiennent leur haleine
Pour ne pas soulever un pli
Du voile soyeux dont la reine
S'est fait comme un mystique abri.

Et les anges du Ciel eux-mêmes
Abaissèrent leurs ailes d'or,
Pour laisser ces heures suprêmes
Comme dans l'ombre de la Mort.

Mais durant ce nouveau Calvaire
Une chose étrange arriva :
Deux yeux, d'une ruse grossière,
Profanèrent ce Golgotha.

De ce qu'ils virent nul au monde
Ne sut les mystères profonds :
Car devant l'auréole blonde,
Sous la forme d'ardents charbons,

Ils vinrent rouler sur la terre,
Expiant l'inique regard
Dans la honte, et dans la poussière
Du vieux chemin du vieux rempart.

Mais des hauteurs de la vallée
(Des pèlerins l'ont raconté)
On vit lumineuse traînée
S'étendre autour de la Cité,

Si lumineuse et flamboyante
Que l'Arc aux multiples couleurs,

Surpris en sa marche éclatante,
Aux cieux vit pâlir ses splendeurs.

Et sur le rempart solitaire
La douce reine au front penchant
Poursuit sa chevauchée austère
Cœur haut et regard confiant.

Puis la torture terminée,
La Dame au château s'en courut,
Ayant vaincu la destinée
Par la force de sa vertu.

Ainsi Coventry délivrée,
Après les siècles écoulés,
Célèbre encor la reine aimée
Dont le martyr les a sauvés.

En un certain jour chaque année
On voit autour de ses remparts
Sur une blanche haquenée
Une femme aux cheveux épars.

Mais on ne voit plus la nuée
Qui naguère aux yeux des mortels
La couvrait, comme enveloppée
De nimbes d'or surnaturels.

C'est qu'Odiva, la pure, sage,
C'était l'Ange, la Sainteté :
Nous n'en avons plus que l'image,
Pâle reflet de sa beauté.

Tresserve, 11 août 1883.
Saint-Mamès, 11 août 1884.

LIX

Salut aux gothiques tourelles
Où doivent s'écouler mes jours,
Où vont se replier mes ailes
Qui m'y ramèneront toujours.

Puissé-je en ce lieu solitaire
Retrouver la paix et l'espoir,
Sans lesquels la vie est amère,
Et difficile est le devoir !

Puissé-je y répandre sans cesse
Un bien que Dieu veuille bénir !
Il me fit une ample largesse :
C'est à moi de la répartir.

Ainsi puissé-je être bénie !
Puissé-je aussi dans ce pays
Me faire de nouveaux amis
Et commencer plus douce vie !

LX

A DES AMIS

POUR LE HUITIÈME ANNIVERSAIRE DE LEUR MARIAGE

Qu'avez-vous fait depuis huit ans?...
— Vous avez rempli votre tâche,
Et vous avez charmé le temps
Par une mutuelle attache.
Vous avez pleuré quelquefois?
Vous avez souri davantage,
Et vous avez mêlé vos voix
Pour louer Dieu dans le voyage;
Vous avez vu vos jeunes plants
Croître en sagesse autant qu'en âge,
Et vous vous reposez contents,
En souriant à votre ouvrage.
Vous avez sur votre chemin

Rencontré la part la meilleure :
Amis, à votre dernière heure,
Vous pourrez bénir le destin,
Car un jour, en passant devant votre demeure,
L'Amour et l'Amitié se sont donné la main.

LXI

LE PAYS

J'ai vu les champs dorés et les riches labours ;
J'ai vu la lande de Bretagne,
Et les antres neigeux où se retire l'ours,
Et les forêts de Charlemagne.

J'ai vu l'âpre contrée où naquirent les pères
De celui qui fut mon ami,
J'ai bu l'air embaumé des chaudes atmosphères,
Et marché du nord au midi.

Je n'ai vu nulle part sur cette vaste terre,
Non plus que sous les vastes cieux,
Ce charme du pays où respire ma mère,
Où dorment mes humbles aïeux.

LXII

ÉPITHALAME

Jamais l'amour et le bonheur
N'ont mis leur couronne fleurie
Sur un front plus charmant. Seigneur,
Je te rends tout : reprends ma vie,
Entends mes cris, compte mes pleurs,
Et fais-en pour elle des fleurs.

LXIII

Deux mots d'adieux à votre quarantaine :
Arrêtons-nous, et reprenons haleine.
Je l'honore et bénis pour le bien qu'elle a fait
Durant son cours : travaux, efforts, joie ou regret,
Nous avons tout mêlé, comme en deux âmes sœurs
   Se fondent toutes choses,
   Les soucis et les roses,
   Consolations ou pleurs.

Adieu! que les saisons emportent la jeunesse!
   Qu'importent-elles au bonheur,
   Quand on a vingt ans par le cœur
   Et quatre-vingts par la sagesse?

      Vouvray, 19 novembre 1861.

LXIV

Pourquoi donc dans le chœur ces deux chaises pareilles,
  Côte à côte comme deux sœurs,
Et près d'elles ce cierge et ces pleines corbeilles
  Des plus resplendissantes fleurs ?

Un jour l'une des deux, je le sais, sera vide,
  (Que ce soit la mienne, ô mon Dieu !)
Mais la mort devait seule, en son vol homicide,
  Semer de larmes le saint lieu.

Pourquoi donc, ô mon frère, anticiper sur elle ?
  Pourquoi contrister votre sœur ?
Et la laisser s'asseoir en la sainte chapelle
  Seule, avec le deuil dans le cœur ?

Cependant, si ses pleurs consacrent sa prière,
    Et si les anges de douleur
La portent de leurs mains en la céleste sphère
    Où se pèsent les cris du cœur,

Inconscient du mal que vous avez su faire,
    Vous poursuivrez votre chemin,
La tête et le cœur haut, tranquille et l'âme fière
    Et souriante en son dédain.

Car la plus dure peine, et le chagrin suprême
    Qui nous fait l'égal du martyr,
Ce n'est pas de pleurer et de souffrir soi-même,
    Oh ! non : c'est de faire souffrir !

                Aux Pyrénées, 11 août 1880.

LXV

UNE MARCHE DE PIERRE

Elle n'est point de marbre rose
Et le pied qui parfois s'y pose,
Entre quatre autres petits pas,
N'est point attifé de paillettes,
Ni surmonté de falbalas,
Comme les mules à bouffettes
Qui laissaient sous les boulingrins,
En courant à quelque conquête,
Leur élégante silhouette
En des enlacements badins.
Non : cette marche à mine austère
Vous mène dans un sanctuaire
Dont la Famille et l'Amitié
Prennent chacune une moitié.
Deux gardiennes sont à l'entrée,

Qui rarement portent même livrée.
Celles-ci cependant se tiennent par la main :
L'une est la Grâce, et l'autre est la Science;
Elles vous montrent le chemin,
Et c'est en s'inclinant sous leur double puissance
Qu'on franchit le seuil consacré.
Pourquoi donc, farouche degré,
Toi qui conduis à la lumière,
Au Travail, à la Vérité,
Au Dévoûment, à la Prière,
Pourquoi donc l'être révolté
Quand un pied bien intentionné
S'est permis d'effleurer la pierre?
Et quel dieu jaloux et chagrin
A-t-il réveillé dans ton sein
(En le touchant pourtant à peine)
Pour que tu le venges si bien?
Cacherais-tu quelque sirène,
Ou quelque enchantement malin?
Car dans tout bloc est la statue,
Dans toute graine une forêt touffue,
Dans tout cœur sommeille un amour

Il n'était pourtant pas très lourd,
Ce pied que l'on disait naguère
Ressembler à celui de la muse légère
Qui pour danser se met des ailes aux talons,
Quand aux flancs de la côte alpine
Il laissait sa trace enfantine
Sur les neiges et les gazons.

Marche ingrate, marche chagrine,
Je te bénis, car j'imagine
Que c'est à toi que je devrai
Cette amitié nouvelle et forte,
En qui je me consolerai
De la fugitive cohorte
Des amitiés que le destin emporte,
Aidé de la Mort et du Temps !
Marche qui porte dans les flancs
Une providence endormie,
Marche qui me devient ami,
Marche heureuse en sa perfidie,
Puisqu'elle ne m'avait servi
Qu'à saluer la Beauté, le Génie,

Et qu'elle me fait aujourd'hui
Découvrir tout au fond du Temple,
La trois fois sainte déité,
Celle qu'à genoux je contemple.
Inclinez-vous : c'est la Bonté.

Ah! que j'en ai besoin! c'est elle
Qui me fait accepter les blessures du sort
Sans me révolter trop envers sa main cruelle,
Et ne me laisser plus d'asile qu'en la mort.
   J'ai trop de pleurs dans la poitrine,
   J'ai trop de veilles dans les yeux,
Pour ne la proclamer entre toutes divine,
   Et ne pas l'honorer le mieux.

Et certes valait-il plutôt sentir la pierre
Sous mes pieds chancelants que m'élancer trop haut,
  Sans les heurts qui m'ont mise à terre
  J'aurais dépassé notre sphère :
  A vouloir remonter le flot
Pour atteindre la rive, hélas! imaginaire,
  En ce monde on ne gagne rien,

Et quelqu'un qui me connaît bien
M'a dit souvent que si l'épreuve austère,
Le sacrifice et l'accident humain
N'avaient posé sur moi leur main sévère,
  J'aurais « escaladé le Ciel ! »
  Or il n'est point, nous dit le sage,
  Dans l'ordre providentiel
  De bâtir des tours de Babel,
Et de monter si haut en partant du rivage.
  La chute alors, que d'âge en âge,
Et l'Histoire et la Fable ont soin de nous conter,
Serait fatale et sûre; et comment remonter,
Pour voir réalisé le sublime mirage,
Et pour atteindre au but? Par delà le nuage
  Est le repos dans la Vertu;
Ici-bas c'est la lutte, et l'obstacle, et l'orage.

Relève-toi pourtant : « En haut ! » cœur abattu,
  Quand du Ciel la pitié profonde,
Pour mieux te redresser te réduit aux abois :
  C'est en fléchissant sous sa croix
  Que Jésus a sauvé le monde.

Mais me voilà très loin, je crois,
De ma petite marche ronde,
Et de l'humble premier souci,
Qui n'était rien que lui dire : Merci!
Va! quand je passerai, je me ferai légère,
Toi, tu feras plus doux ton granit offensant.
Dont je n'ai pas mérité la colère,
Et qui me sera caressant.
Surtout sois souple et douce aux quatre petits pieds
Qui chaque jour effleureront ta pierre.
O mes amis! si vous saviez
De quelle intensité pour eux est ma prière!
Celle-là seule peut la faire
Qui pour famille et pour enfants
A l'humanité tout entière :
Les vivants et les morts, les vieux, les indigents,
Les mondes inconnus, les enfants sans parents,
Les coupables enfin à leur heure dernière.
Quelque chose me dit qu'un jour,
Ou dans le Ciel ou sur la terre,
Le bien que vous aurez essayé de me faire
Tombera sur quelqu'un des vôtres à son tour.

Et maintenant, adieu. Va! je n'ai point de haine,
Car tu m'as traitée en enfant
A qui l'on fait parfois une petite peine
Pour lui faire un grand bien. Désormais cependant
Laissez-moi monter doucement
Vers l'hospitalière demeure,
Y trouver à l'abri du vent
L'ombre ou le soleil, selon l'heure,
Et m'y reposer un moment
(Moi qui ne me repose guère!)
Avant la retraite dernière,
Avant le grand avènement.

LXVI

DIX-HUIT ANS

Ton aile s'ouvre, enfant, à la vie, à l'espoir,
La mienne se replie au vent glacé du soir;

Trop de plumes sont arrachées,
Trop d'orages les ont lassées :
Je retourne au nid, et je meurs.
Mais je suivrai ton vol de mon âme fidèle;
Et quand tu sentiras, à l'heure des douleurs,
Un souffle plus léger qui séchera tes pleurs,
Tu te diras : « C'est encore elle! »

Nice, 15 décembre 1881.

LXVII

L'EXIL

LE POÈTE.

La douleur que je chante est une dure chose;
Nul ne la décrira comme il peut la sentir :
C'est ce vide cruel que l'absence nous cause
Quand loin de ce qu'on aime il a fallu partir.

S'être égarés tous deux sous les cieux pleins d'étoiles,
Unis par l'idéal, par l'idéal heureux,
Doux mystère, abrité par la nuit sous ses voiles,
Qui s'enfuit comme un songe au réveil douloureux !

Puis, auprès des flots bleus et loin des bruits du monde
(La solitude est douce à ceux que l'âme unit),
Nous écoutions parler, dans la plainte de l'onde,
Dieu, dont la grande voix dit l'amour infini.

L'oiseau parle au proscrit de la patrie absente :
De mon rêve envolé qui me reparlera ?
Le flot peut consoler avec sa voix puissante ;
Mais l'exil loin de vous, qui m'en consolera ?

LA MUSE

Qui souffre près de moi ? C'est une âme inquiète.
Ma main pour ceux que j'aime est pleine de douceur.
Moi, je suis des douleurs confidente discrète,
Et de toute infortune, ami, je suis la sœur.

Au milieu du chaos des siècles et des mondes,
Dieu fit le Paradis pour l'ange préféré;
Il lui donna l'azur et des cieux et des ondes,
Le printemps et ses fleurs, l'aube et le soir doré.

Puis quand vint à sonner, par un ordre suprême,
L'heure du châtiment au cadran éternel,
L'ange ayant méconnu dans l'orgueil Dieu lui-même,
Il perdit le bonheur, et fut chassé du ciel.

Et souvent dans la nuit, sombre comme son crime,
Les échos de ces temps maudits ont entendu
Et les remords amers et les pleurs, dans l'abîme,
De l'ange regrettant le Paradis perdu!

LE POÈTE.

Mais nous, qu'avons-nous fait, pour que, sur notre vie
Le malheur étendant son voile et son linceul,
La paix des premiers jours nous fût sitôt ravie?
Si c'est un châtiment, qu'il tombe sur moi seul!

De quel forfait si noir aurais-je été capable?
Le destin contre Dieu m'a-t-il fait blasphémer?
Est-ce mal d'être bon? Alors je suis coupable;
Mais non! le Dieu d'amour ne peut punir d'aimer.

LA MUSE.

Poète, ton erreur est grande si tu penses
Que du temps sur toi seul s'appesantit la main.
Quels que soient ses décrets, peines ou récompenses,
Dieu ne voit pas qu'un homme, il voit le genre humain.

LXVIII

ADIEUX A LA LOZÈRE

Adieu, mon pays, ma Lozère!
Adieu pour n'y plus revenir.
Ma course est faite sur la terre :
Je dois borner mon avenir.

Mais tu garderas mon empreinte,
Tes chers enfants n'oublieront rien.
Diront-ils : « C'était une sainte? »
Non ; mais : « Elle nous aimait bien ! »

Presbytère du Rozier, 9 juillet 1883.

LXIX

UN ANGE

Un ange remontait vers le céleste chœur :
Ce n'était point celui qui se voila la face
Quand Marguerite à Faust abandonna son cœur ;
Ce n'était point celui qui, dans sa jeune grâce,
Emporta Juliette aux pieds de l'Éternel,
Toute tremblante encor des baisers d'un mortel.
Celui-ci, tout chargé de pures harmonies,
    Chante l'hymne de l'amitié,
Qui retombe sur terre en étreintes bénies,
En dévouements pieux, en divine pitié.

LXX

L'ÉTOILE

LE COMTE A LA COMTESSE.

Vous paraissez, au front vous portez une étoile ;
Est-il vrai que parfois un nuage la voile,
Qu'elle ne brille plus en quelques tristes jours ?
Pour moi, je suis aveugle, et je la vois toujours.

RÉPONSE.

Je me souviens du jour où vous m'avez placée
Au front déjà penché, quoique fier comme un lys :
C'était près du foyer, dans la chambre sacrée
De celle qui venait de vous choisir pour fils.
  Sur le front de la fiancée
  Un baiser m'avait allumée ;
  Quand l'heure dernière viendra,
  C'est un baiser qui m'éteindra.

19 novembre 1883.

LXXI

DÉPART POUR BACCARAT

Adieu donc, mon bel Osiris,
Allez où le sort vous a mis;
Allez dans une niche amie
Goûter les douceurs de la vie :
L'indépendance et le foyer,
Le droit de courir, d'aboyer,
Libre sur une terre agreste,
« Bon souper, bon gîte, et le reste. »
Aussi, soyez reconnaissant,
Doux au faible, et rude au méchant.
Léchez la main qui vous caresse
Et même celle qui vous blesse.
Défendez le vieillard, l'enfant;
Sans mordre, observez le passant :
Du lion vous avez la force :

Cachez sous cette rude écorce
La docilité de l'agneau ;
Au besoin, gardez le troupeau,
Entre la maison délaissée
Et celle où vous faites entrée,
Soyez comme un lien nouveau ;
Donnez la main, faites le beau !
Veillez seul lorsque tout sommeille ;
Au moindre bruit dressez l'oreille ;
Couchez-vous au seuil du logis,
Pour n'y laisser entrer qu'amis.
Et puis soyez heureux ! Ce vœu sera facile,
Car j'ouïs dire un jour, par un sage, un habile,
Que du bonheur l'idéal sans pareil
C'est un chien qui dort au soleil.

LXXII

Que me font ces gazons, ces marbres, ces pervenches,
Merveilles dont pour moi tout le charme est rompu?
Bois sacré, ciel et mer, et vous, mes roses blanches :
Deux êtres sont partis, et tout a disparu !

LXXIII

L'ARBRE DE NOEL

LE PETIT ANE DE LA CRÈCHE

Le petit âne de la crèche
Veut aussi pénétrer chez vous :
Ne lui soyez donc pas revêche,
Il est si résigné, si doux !

Si philosophe à sa manière,
Si docile envers le Destin !
Tandis que l'homme désespère,
Lui poursuit son humble chemin.

Et tandis qu'on jette la pierre
A l'immuable ciel d'airain
Qui reste sourd à la prière,
Aux cris, au mérite, au chagrin,

Son petit hochement de tête
Semble dire : « Que faites-vous ?
Le ciel n'est ni méchant ni bête ;
Il en sait plus long que vous tous. »

Puisqu'il vient de l'étable sainte,
Plus heureux, plus heureux que moi,
Laissez-le pénétrer sans crainte
Au logis où vous êtes roi.

Ainsi donc, mon bon petit âne,
Entre à la *domus aurea*,

Salue et Geneviève et Jeanne,
Et la *Turris eburnea :*

Le vase à la fleur douloureuse,
Au parfum d'hysope et de miel,
Et la coupe mystérieuse
Que l'on ne doit boire qu'au ciel,

Toutes les majestés unies,
Épreuve, génie, amitié,
Toutes les études bénies,
Toutes les œuvres de pitié.

Et si le Maître un jour se lasse
De tant de dévoûment perdu,
Dis-lui tout simplement qu'il fasse
Ce que tu fis, toi, pour Jésus ;

Qu'il soit pour la pauvre souffrante
Ce que tu fus, toi, pour l'Enfant,
Le gardant contre la tourmente,
De ton souffle le réchauffant.

LXXIV

La saison et le lieu, rien n'était plus propice
A la mort, à la peine, aux regrets, aux douleurs.
Sur un âpre rocher s'offrit le sacrifice,
Et les deux cœurs blessés s'unirent dans les pleurs.

A Schlangenbad.

LXXV

UN ROI

QUI N'OSAIT PAS ÉPOUSER SA BERGÈRE

Eh! quoi, Prince, les dieux ont mis devant vos pas
Une douce merveille aux gracieux appas,
Au contour juvénile, au souriant visage,
Reflet d'une âme pure et d'un cœur sans orage,
  Et vous ne l'accueillerez pas?

Parce que le hasard vous a fait naître ici,
Vous n'aurez pas le droit d'aimer là? Dieu merci,
La Nature a des droits plus puissants que vos codes,
Plus sacrés que vos lois. Les bardes dans leurs odes
    Les ont célébrés sans souci.

Les chants des troubadours et les harpes d'antan
Ont dit les cris du cœur. Ne changez pas le plan
De la sainte Nature écrit au fond des âmes :
Hors d'elle on ne connaît, hélas ! que fausses flammes :
    La vérité n'a point de rang.

Si les chantres du soir dans leurs bosquets sont rois,
Ils n'en font pas moins bien les honneurs de leur voix
A leur « rossignolette ». Et pour elle leur trille
Au ciel va s'élancer à l'heure où Vénus brille,
    Argentant les prés et les bois.

Prends le vrai bien, ô roi, lorsqu'il s'offre à ta main,
Qu'il soit au seuil du trône ou sur l'humble chemin :

Quand au soleil de mai s'entr'ouvre la corolle,
Sait-elle si dans l'air la poussière qui vole
    Est de lignage olympien ?

Donc, qu'eux aussi les rois aspirent au bonheur :
A ce droit souverain, droit suprême et vainqueur,
N'allez point opposer des barrières humaines :
Que les rois, eux aussi, puissent choisir leurs reines
    Et les aimer de tout leur cœur !

LXXVI

POUR UN BERCEAU

Laissez-le dormir, ô mes frères !
Assez tôt il s'éveillera,
Assez tôt il les connaîtra,
D'ici-bas les tristes misères :
Laissez-le dormir, ô mes frères !

Laissez-le sourire, ô mes frères,
Et que l'aile de la douleur
N'aille pas effleurer son cœur.
Les larmes sont bien trop amères :
Laissez-le sourire, ô mes frères !

Laissez-le rêver, ô mes frères,
Et, dans son rêve lumineux,
Entrevoir l'au-delà des cieux,
Et se souvenir d'autres sphères :
Laissez-le rêver, ô mes frères !

LXVII

IMPRESSION D'ENFANCE

A Jeanne Paraige.

Elle aimait la sainte nature,
Elle aimait le rayon vermeil

Du matin sur la terre obscure;
Elle n'aimait pas le soleil
A l'heure où, perçant la ramure,
Et remplissant l'azur des cieux,
Il lance aux mortels la brûlure
De ses baisers audacieux.
Elle aimait, oui, faut-il le dire?
Elle aimait la pluie et l'autan :
Un nuage faisait sourire
Les plis de sa lèvre d'enfant.
Il était plus en harmonie
Avec son long regard profond,
Avec cette mélancolie
Qui si jeune voilait son front.
De son éclat déjà blessée,
Elle trouvait l'astre du jour
Insultant à la destinée
De chacun de nous à son tour;
Et pleurant avec ceux qui pleurent,
Cherchant leur rafraîchissement,
Et mourant avec ceux qui meurent,
Priant pour leur apaisement,

A quelque heure d'ombre ou de lune,
Dès la première goutte d'eau,
Elle prenait sa cape brune,
De la pure source d'en-haut
Voulant recevoir la rosée,
Tendant le front, le cou, les mains,
Et la langue même à l'ondée.

Mais un soir, au fond des jardins,
Sa mère lui dit, inquiète :
« Que prends-tu cet air solennel? »
Et l'enfant dit, levant la tête :
« Je communie avec le ciel... »

17 juillet 1891.

(Et la mort le 27.)

Photogravure Braun Clément & Cie.

LXXVIII

PROVERBE

IL NE FAUT PAS COURIR DEUX LIÈVRES A LA FOIS

PERSONNAGES

JEANNE.
MARGUERITE, sa sœur.
ARTHUR, leur cousin.

IL NE FAUT PAS COURIR DEUX LIÈVRES A LA FOIS

SCÈNE I

Salon de château. On entend le bruit d'un cor de chasse dans le lointain.

JEANNE, MARGUERITE.

MARGUERITE, entrant vivement en amazone.

Venez-vous, chère Jeanne? Entendez-vous la chasse?
Le rendez-vous est loin; venez vite : il est tard.

JEANNE, assise, un livre à la main.

Non, je reste : il fait froid; ce nuage qui passe
M'effraie un peu. D'ailleurs, voir tuer un renard
N'a rien de si plaisant et ne me tente guère.

MARGUERITE.

Oh! venez donc, ma sœur; c'est un caprice pur;
Car vous aimez la chasse, et vous étiez naguère
La plus ardente au trac, à la curée. Arthur
Vous compare à Madame Agnès de Méranie :
  « Sur son coursier la plus allante,
  « En son fauteuil la plus dolente. »
C'est le moment d'agir; vous rêverez demain.
Allons vite, à cheval!

JEANNE.

        Caprice ou fantaisie,
Je reste.

MARGUERITE.

    Ah! laide sœur, c'est mal; et le chemin
Sans vous va me paraître ennuyeux et maussade.

JEANNE.

Bah! deux temps de galop, et plus vous n'y songez.

MARGUERITE.

Que dirai-je aux chasseurs? Que vous êtes malade?
On ne le croira pas! D'ailleurs, vous le savez,
Sans vous, que suis-je, sœur? Un vaisseau sans boussole,
Un pauvre corps sans âme, une enfant, une folle.

JEANNE, se levant.

Enfant, oui; folle, non. Mais, petite, il faut bien,
Puisque s'approche l'âge où se forme un lien,
Que tu saches marcher sans ma main fraternelle;
Un autre amour viendra te courber sous sa loi,
Et je ne pourrai plus te couver sous mon aile.

MARGUERITE.

Oh! je n'y songe pas.

JEANNE.

   Mais j'y songe pour toi.
Un autre y songe aussi, tu le sais, Marguerite,
Et qui t'aimera bien : non pas comme ta sœur,

Non pas comme ta mère.
Marguerite fait un geste de dénégation.

Oh! non, c'est vrai, petite :
Ce sera plus... et moins... Qu'en dit ce jeune cœur?

MARGUERITE.

Moi? rien. Depuis le jour où notre sainte mère,
En nous disant adieu, me remit en vos mains,
J'ai tout vu par vos yeux; vous fûtes ma lumière.
Soyez-la jusqu'au bout, dirigez mes destins.
En attendant, je pars. En chasse! Adieu, méchante.

JEANNE.

Adieu, belle; à tantôt. Bonne chasse et beau temps!
La regardant partir de la porte.
Pense à ta vieille sœur, et tu seras prudente.
Adieu!

SCÈNE II

JEANNE, seule, revenant en scène. — On entend le galop d'un cheval s'éloignant.

Qu'elle est heureuse avec ses dix-sept ans !
Je n'en ai pas connu la douce insouciance ;
A cet âge déjà je savais le malheur.
Les années où l'on pleure, où l'on souffre, où l'on pense,
Comptent double.

SCÈNE III

JEANNE, ARTHUR

ARTHUR, en habit de chasse, a observé Jeanne un instant avant que de parler.

Ah ! cousine, encor votre air rêveur ?
Si, du moins, je savais charmer vos rêveries !

JEANNE.

Bonjour, cousin. Eh bien ! je suis au rendez-vous.
A des yeux... que vous trouvez doux,

Il m'a fallu passer pour femme à fantaisies ;
La chère enfant sans moi ne voulait pas partir ;
J'alléguais le froid, la paresse ;
Il m'en coûtait de lui mentir !
Enfin, j'ai tenu ma promesse.

ARTHUR.

Merci, Jeanne, merci ; vous comprenez mon cœur :
J'avais besoin de parler d'elle.
Je me suis échappé pour entendre sa sœur
Me redire qu'elle est aussi bonne que belle,
Caché sous un buisson, j'épiais son départ.
Car déjà, dès longtemps, j'avais quitté la chasse,
Et, la voyant passer, de mon tendre regard
J'ai suivi jusqu'au loin sa gracieuse trace,
Et me voici.

JEANNE, s'asseyant et faisant signe à Arthur de s'asseoir.

Cousin, si je vous comprends bien,
Vous voulez devenir mon frère,
Et, par un plus tendre lien,

Tenir à cette enfant qui m'appelle sa mère.
Je la suis, en effet : j'en ai les sentiments;
J'en aurai la sagesse et les soucis prudents.

ARTHUR.

Jeanne, soyez aussi la mienne.
Et pour que, dans vingt ans, encore il vous souvienne
De ma joie en ce jour, eh bien! je fais un vœu :
Je vous promets...

JEANNE.

Quoi donc?

ARTHUR.

Un beau petit neveu!

JEANNE.

Ah! cousin, n'allons pas si vite!
Il faut, ne vous déplaise, avant d'aller plus loin,
Vous faire aimer de Marguerite.

Ceci vous prendra quelque soin.

Et je ne réponds pas que ce soit fait de suite :

Au premier mot d'amour vous la mettrez en fuite.

ARTHUR.

Vous parlerez pour moi, n'est-ce pas, chère sœur?

Car vous êtes la bonté même;

Vous avez ce charme suprême

Qui s'insinue au fond du cœur,

Qui ferait marcher au martyre

Sous un regard de vos doux yeux;

Si ceux de votre sœur me donnent le délire,

Les vôtres me montrent les cieux!

JEANNE.

Ne parlons pas de moi, cousin, ce n'est pas l'heure.

Allons au but. Or donc, mettez-vous en demeure

De conquérir un cœur peu facile à toucher,

Aussi pur que la glace, aussi dur qu'un rocher.

ARTHUR, se levant.

Quoi! ce cœur que j'ambitionne

Est-il si loin de ma personne,
Qu'il faille faire tant d'effort
Pour l'intéresser à mon sort?
Que j'eusse aimé le cœur qui, se guidant soi-même,
Se fût donné résolûment,
Et ne relèverait, en cet ordre suprême,
Que de son propre jugement!
Elle existe, cette âme forte...

JEANNE.

Où donc?

ARTHUR.

Nous parlons de sa sœur,
Cette naïve enfant à l'âme froide et morte
Qui, sans soucis, un soir, a pris mon pauvre cœur,
Et sans rien me rendre en échange
Qu'un sourire étonné de son visage d'ange,

<small>S'animant.</small>

Mais ce cœur qu'elle a pris, s'il le fallait donner,
Je ne sais aux pieds de laquelle,

17

De la meilleure ou la plus belle,
Je voudrais le laisser tomber.
Car si l'une de vous est gracieuse et vive,
L'autre est si noble et sage, et rêveuse, et pensive !
Si l'une a d'ici-bas l'élégante beauté,
L'autre est une divinité.
Si les yeux se tournent vers elle,
Le cœur vers vous ouvre son aile ;
Et tenez, quelquefois je me demande enfin
Si le bonheur pour moi ne serait pas certain
Près de vous, à vos pieds, sans trouble et sans contrainte,
A vous prier comme une sainte
Qui fait tomber d'en haut son regard bienfaisant ;
A vous aimer comme une femme,
A vous donner toute mon âme !

JEANNE, un peu ironiquement et se levant.

Ah ! cousin, vous m'en direz tant !
Je ne m'attendais guère à pareille tirade :
Elle me fait songer à certaine ballade
Où le preux chevalier, brûlant en même temps,

Et d'un égal amour, pour deux objets charmants,
>Finit par mourir à la peine
>Entre l'une et l'autre beauté.
Ainsi que certain âne en sa simplicité.
Ma foi, je vous engage à faire une neuvaine
>Pour savoir celle de nous deux
>A qui s'adresseront vos vœux.

ARTHUR.

Vous vous riez de moi, cousine,
Et votre esprit moqueur avec mes maux badine,
<small>Se levant.</small>
C'est mal. Eh bien ! pourtant, oui, j'aimais votre sœur,
Lorsqu'un doute cruel... et doux m'a pris au cœur.
En vous trouvant si bonne, en la voyant si belle,
>Je me suis demandé laquelle
Je devais adorer ; et mon cœur trop ému
>Ne m'a pas encor répondu.

JEANNE, toujours sourire ironique.

Ce n'est pas moi, cousin, qui résoudrai la chose.
Je déplore vraiment l'ennui que je vous cause ;

Mais souffrez qu'en ce cas, pour le moins singulier,
    Je reste aussi neutre et passive
Que la botte de foin de votre devancier.
Si vous voulez pourtant rompre l'alternative...

ARTHUR.

Eh! non, je ne veux rien, ou plutôt si, je veux...

JEANNE.

Quoi donc?

ARTHUR.

    Je vous veux toutes deux!

JEANNE.

En vérité, cousin? Eh! ce n'est pas si bête.
    Mais comme en France jusqu'ici
    Nous ne vivons pas, Dieu merci!
    Sous la douce loi du prophète,
    Je vous engage à faire un choix.
<small>On entend le galop d'un cheval.</small>
Ou plutôt, non, tenez, il serait inutile.

Pour deux rêves perdus, vous en trouverez mille.
Mais voici Marguerite, elle revient du bois.
Pas un mot : laissons-lui sa naïve ignorance,
  Doux privilège de l'enfance.
Quoi! vous veniez ici pour l'obtenir de moi,
  Et vous me demandez ma foi?
  Mais c'est badinage ou folie;
Ce n'est pas l'amour vrai qui prend toute la vie.
  Pour moi, dont le cœur est jaloux
  Du dévouement de mon époux,
Je ne veux pas d'un cœur qui battit pour une autre;
  Cette autre fût-elle ma sœur;
Et pour ma sœur aussi, je ne veux pas d'un cœur
  Aussi chancelant que le vôtre.

ARTHUR.

Jeanne, vous êtes sans pitié.

JEANNE.

Non, car je vous promets et ma vieille amitié
Et la jeune amitié de votre autre cousine;

Vous vous consolerez, cousin, je le devine,

Vous aimerez encor ; mais, croyez-en ma voix,

N'en aimez plus qu'une à la fois.

SCÈNE IV

JEANNE, ARTHUR, MARGUERITE.

MARGUERITE, entrant.

Me voici ; j'ai quitté la chasse,

J'ai vu tuer... une bécasse.

Je m'ennuyais sans vous, et je pensais aussi

Que de moi vous aviez souci.

Mais, sans ennui, je vois que vous pouviez m'attendre.

Bonjour, cousin, bonjour. De sa voix la plus tendre,

Mademoiselle de Blécour

Vous demandait à tous les échos d'alentour ;

Votre absence pour elle était un trouble-fête

Et la rendait très inquiète.

Allez la rassurer ; elle vous croyait mort.

Elle dépose son chapeau et sa cravache.

ARTHUR.

Peu m'importe le cas qu'elle fait de mon sort!
Je reprends ma fierté; ces cruelles sirènes
M'ont charmé trop longtemps : je veux briser leurs chaines
    De mon simple et sincère amour,
Celle-ci, comme vous, se jouerait à son tour.

JEANNE.

Soyez du moins touché d'une amitié pareille.

MARGUERITE.

Son frère, votre ami, vient de faire merveille :
    Il courait un lièvre certain,
    Quand un autre lièvre soudain
Lui part dans les mollets : sitôt il abandonne
La poursuite de l'un pour courir le second;
Celui-ci disparaît en un prochain ajonc.
Il revient au premier, mais l'habile personne
Avait durant ce temps gagné force terrain,
    Si bien que, dans l'herbe et le thym,
    Les deux lièvres courent encore.

JEANNE.

Écoutez l'apologue, et que sa métaphore,
Arrivant à propos, vous serve de leçon :
Proverbe de chasseur a quelquefois du bon.
On entend le cor dans le lointain.
Allez donc retrouver les belles chasseresses
    Dont vous fuyez les allégresses
    Et qui vous appellent au bois;
Vous aurez des succès, cousin, je le prévois;
    Mais que toujours il vous souvienne,
Quoi qu'en amour ou chasse un jour il vous advienne...

ARTHUR.

Eh bien ! achevez donc, car je suis aux abois...

JEANNE.

« Qu'il ne faut pas courir deux lièvres à la fois. »

Photogravure Braun, Clément & Cie

LXXIX

FRAGMENTS

INTERROMPUS PAR LA MORT

. . . .
Ainsi notre âme une à l'autre se donne,
Puis à son tour se confond en son Dieu.

*
* *

Et qu'importe après tout que le trajet s'achève,
Puisque l'âme, bravant et l'espace et le temps,
Ne saurait s'effrayer du sommeil ou du rêve
Où doit se consommer l'œuvre entier de ses ans?

Pauvre cœur endormi... réveillé dans les cieux !
Ombre, abîme, inconnu, mystère des adieux.

* * *

Depuis longtemps ma muse est engourdie ;
Elle pleurait, elle ne chantait plus.
Réchauffez-la sous l'aile du génie,
Et rendez-lui ses sourires perdus.

* * *

. . . .

Jeunesse, esprit, beauté, tout s'immole au génie.
Quand je quitte Tristan, Walther ou Parsifal,
Je n'écris pas : je chante, ou je pleure, ou je prie.

* * *

Ainsi fécondé par les vents
Qui d'une mer à l'autre ont porté sa poussière,
Le palmier refleurit sur la rive étrangère,
    Rive aux grands horizons mouvants.

A l'horizon un rayon diaphane,
Des nimbes d'or à tous les pics neigeux,
Le fin croissant de la chaste Diane
Se détachant sur le ciel tout en feux.

**
* *

Elle est tombée en plein midi,
Comme au bois la bruyère blanche,
Quand l'arme du pâtre ennemi
Égrène en pleines fleurs les perles de sa branche.

**
* *

Ami, nous n'avons pu, hélas! que l'entrevoir,
Cet ange parmi nous qui n'a fait que paraître :
Cependant à jamais et comme en un miroir
Son image est gravée au plus pur de mon être.

**
* *

Portant ma double croix, j'ai parcouru le monde,
Accrochant ma toison aux ronces du chemin,
Ne cherchant plus d'abri quand le tonnerre gronde,
Et ne résistant plus au souffle du destin.

Les baisers du soleil ont engourdi mes ailes,
Et la flamme sacrée a consumé mon cœur.
Je meurs, mais je repose aux ombres les plus belles,
A celle du génie, à celle de la fleur.

*
* *

Je vous dirai : « Fidèle à vos hautes amours,
Souffrez, croyez, priez, mais souriez toujours. »

*
* *

. . . . . .

  Et l'histoire, écho de la tombe,
  N'est que le bruit de ce qui tombe
  Sur la route du genre humain.

*
* *

Et toujours douce, fine, aimante et recueillie,
Du pauvre et du souffrant la servante et l'amie,
Ange bien plus que femme, elle n'est de ces lieux :
On croit lui voir ouvrir son aile vers les cieux.

J'avais à la main
Un bouton de rose :
Un pauvre chrétien,
Dans sa bière close,
Passe en mon chemin.
Je voudrais — je n'ose —
Lui jeter ma fleur :
Je jette mon cœur.

* * *

Mon image est plus fière encor
De planer où l'on désespère,
A l'hôpital, en la chaumière,
Qu'en un palais de marbre et d'or.
Ici l'on n'a pas besoin d'elle ;
Si là-bas elle peut sécher
Quelque larme qu'on veut cacher,
Sa propre angoisse en sera moins cruelle.

Photogravure Braun, Clément & Cie

A Madame la Comtesse de Chambrun,
hommage affectueux. 11 Août, 1887.
Ambroise Thomas
Andante sostenuto
Voi-ci, sur mon déclin, la fleur que j'ai choi-si-e:
D'autres l'appellent
D'aucuns l'appellent « fleur de la Passi-on! »
Largement
Je la nomme fleur de la vi-e, fleur de la vi-
dimi
Suivez

PASSIFLORE

Poésie de Mme la COMTESSE DE CHAMBRUN.

Musique de AMBROISE THOMAS.

„Passiflora"

Poésie de la Comtesse J. de Chambrun

musique de Ch. Gounod

Passiflora

Poésie de la Ctesse Jeanne de Chambrun — Musique de Ch. Gounod

Andante.

...ci, Sur mon déclin, la fleur qui m'a chérie, D'aucuns l'appelleront

"Fleur de la Passion", Je la nomme "Fleur de la vie", Qu'im-

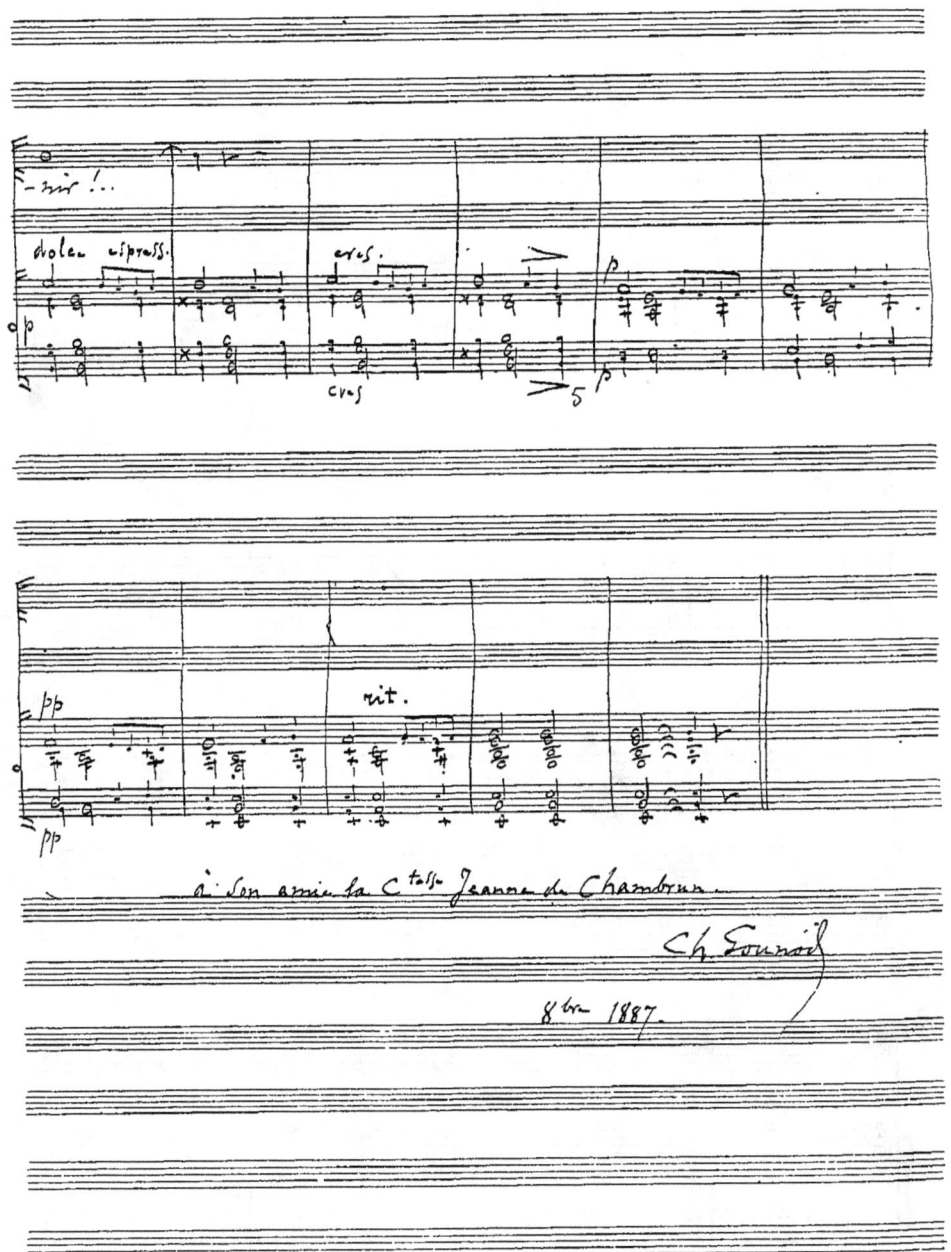

TABLE

Portrait par M. Hébert.

    La Pensierosa.

Discours par M. Émile Ollivier. 5

La Ste Chapelle.

Lamentation. 9

Notre-Dame.

Introduction. 19

    Épigraphe. 123

La Foi par M. Eug. Guillaume.

    I. A Augustin Sénac 125
    II. Bétharam. 127
    III. Un pèlerinage vendéen. 129
    IV. Il y a loin. 131
    V. Cimiez. 135

VI.	A Charles de Chambrun.	136
VII.	Une cage.	137
VIII.	A l'Observatoire de Nice.	138
IX.	Béatrix.	139
X.	A une jeune fille	139
XI.	Roma sdegnata	141
XII.	Au même autel.	142
XIII.	Un avant-goût du ciel.	142
XIV.	Pierre et Madelon.	143
XV.	Au mont Saint-Michel	145
XVI.	Hélios	146

L'Espérance par M. Eug. Guillaume.

XVII.	Venise	147
XVIII.	J'avais un nid.	152
XIX.	Dans la forêt	153
XX.	A la Lozère.	154
XXI.	Renoncement	155
XXII.	Invocation	157
XXIII.	Wildbad	158
XXIV.	J'étais à la même fenêtre	159
XXV.	Épilogue après une représentation au château de Careil.	160
XXVI.	Sérénade à Rosette.	163
XXVII.	Avril est de retour.	164
XXVIII.	Flore.	165

XXIX.	Moncade	167
XXX.	Une plainte	168
XXXI.	Juliette Conneau	169
XXXII.	L'Anémone lilas	169
XXXIII.	Le Liseron rose	171
XXXIV.	La Campanule	172
XXXV.	Un Arc-en-ciel	173
XXXVI.	Encouragement	175
XXXVII.	Aux heureux parents	177
XXXVIII.	A un jeune homme	179
XXXIX.	Que m'importe après tout	180
XL.	Altaussee	180
XLI.	Le lac de Gaube	182
XLII.	La Chartreuse de Pesio	183
XLIII.	Sur nos terrasses	185
XLIV.	L'Art et la Nature	187
XLV.	Pour le socle d'une Victoire ailée	188
XLVI.	Une branche de Jacinthe rose	189
XLVII.	Mina	192
XLVIII.	Épilogue après une représentation à l'hôtel de Condé	195
XLIX.	Je serai l'étranger	197
L.	Pauline Viardot	198
LI.	Je cueillis une rose	198
LII.	Profond comme la mer	199
LIII.	Elle était dans les cieux	200

LIV.	Jeanne d'Arc	200
LV.	Au bas d'une coupe antique.	202
LVI.	A Emma	203

La Charité par M. Eug. Guillaume.

LVII.	Saint-Pierre.	205
LVIII.	La légende de la reine Odiva	206
LIX.	Salut aux gothiques tourelles	214
LX.	A des amis	216
LXI.	Le pays.	217
LXII.	Épithalame	218
LXIII.	Deux mots	219
LXIV.	Pourquoi donc dans le chœur	220
LXV.	Une marche de pierre.	222
LXVI.	Dix-huit ans.	228
LXVII.	L'exil.	229
LXVIII.	Adieux.	232
LXIX.	Un Ange	233
LXX.	L'Étoile	234
LXXI.	Un Ami.	235
LXXII.	Que me font ces gazons.	237
LXXIII.	L'arbre de Noël.	237
LXXIV.	La saison et le lieu.	240
LXXV.	Un roi.	240
LXXVI.	Pour un berceau.	242
LXXVII.	A Jeanne Paraige.	243

Le temple de la Sibylle et ses jardins.

    LXXVIII. Proverbe 249

Chimène.

Pauline.

    LXXIX. Fragments 265

Brunehilde.

Passiflore par M. Am. Thomas. 271
Passiflore par M. Ch. Gounod. 279

IMPRIMÉ

PAR

CHAMEROT ET RENOUARD

19, rue des Saints-Pères, 19

PARIS

Paris. — Typ. Chamerot et Renouard.

www.ingramcontent.com/pod-product-compliance
Lightning Source LLC
Chambersburg PA
CBHW060645170426
43199CB00012B/1670